Hans Jellouschek

# Beziehung und Bezauberung

**HERDER spektrum**

Band 6172

Das Buch

Die Liebe hat Frauen und Männer angezogen, bezaubert, verbunden, wieder entzweit oder wieder zusammengeführt – lange bevor es eine psychologische Wissenschaft, eine Eheberatung oder eine Psychotherapie gegeben hat. Darum kann man aus den alten Geschichten unserer Überlieferung eine Menge über Liebe und Partnerschaft lernen. Es ist faszinierend, mit welcher Genauigkeit sich hier die Grundmuster spiegeln, mit denen auch heutige Paare zu tun bekommen, wenn sie sich gemeinsam auf den Weg machen. In den Bildern und Symbolen dieser Märchen schwingen Motive mit, die wissenschaftliche Abhandlungen oder moderne praktische Ratgeber nicht einzufangen vermögen. Darum ist es für jede Partnerschaft hilfreich und bereichernd, dem Geheimnis der Liebe mit Hilfe dieser Märchen immer wieder neu auf die Spur zu kommen und sich von ihnen herausfordern zu lassen. Dem Leser teilt sich etwas von jener Berührung und Bezauberung mit, die auch die damaligen Leser oder Hörer erfasst hat.

Der Autor

Hans Jellouschek, Lic. phil., Dr. theol., geboren 1939, ist Eheberater, Psychotherapeut und Lehrtherapeut für Transaktionsanalyse in eigener Praxis mit Schwerpunkt Paartherapie. Seit 25 Jahren tätig in der Fort- und Weiterbildung von Therapeuten und Eheberatern. Lebt bei Tübingen.

Hans Jellouschek

# Beziehung und Bezauberung

## Wie Paare sich verlieren und wiederfinden, gespiegelt in Märchen und Mythen

HERDER

FREIBURG · BASEL · WIEN

Titel der Originalausgabe: Beziehung & Bezauberung 2005 © Verlag Kreuz

www.herder.de

Umschlagkonzeption: Agentur RME Roland Eschlbeck
Umschlaggestaltung: Verlag Herder
Umschlagfoto: © akg-images

Satz: Rund ums Buch – Rudi Kern, Kirchheim/Teck
Herstellung: fgb · freiburger graphische betriebe

Gedruckt auf umweltfreundlichem, chlorfrei gebleichtem Papier
Printed in Germany

ISBN 978-3-451-06172-1

# Inhalt

# Vorwort

Die Liebe hat Frauen und Männer angezogen, bezaubert, verbunden, wieder entzweit oder wieder zusammengeführt – lange bevor es eine psychologische Wissenschaft, eine Eheberatung oder eine Psychotherapie gab. Darum kann man aus den alten Geschichten unserer Überlieferung eine Menge über die Liebe lernen, und ich bin immer wieder fasziniert davon, in welcher Prägnanz sich hier jene Grundmuster widerspiegeln, auf die sich auch heute Partner immer wieder einspielen, wenn sie es unternehmen, ihren Lebensweg gemeinsam weiter zu gehen. Dabei schwingen in den Bildern und Symbolen der alten Erzählungen Dimensionen mit, die wissenschaftliche Abhandlungen oder moderne praktische Ratgeber nicht einzufangen vermögen. Deshalb kehre ich immer wieder zu ihnen zurück und fühle mich herausgefordert, ihnen ihr Wissen über das Geheimnis der Liebe zwischen Frau und Mann zu entlocken. Ich hoffe und wünsche mir, dass ich auch meinen Leserinnen und Lesern etwas von der Bezauberung vermitteln kann, die mich erfasst, wenn ich mich damit schreibend beschäftige.

Bedanken möchte ich mich bei allen Paaren, die sich mir in der therapeutischen Arbeit immer wieder anvertrauen. Ohne sie würden die Geschichten auf den folgenden Seiten nicht so deutlich zu mir sprechen. Bedanken möchte ich mich an dieser Stelle auch einmal bei den vielen, vielen Leserinnen und Lesern meiner Bücher, die mich durch ihre Reaktionen immer wieder veranlassen, einen neuen Versuch zu wagen. Danken möchte ich auch Frau Hildegunde Wöller vom Verlag, die das Entstehen dieses Buches wieder mit hilfreichen Anregungen begleitet hat. Vor allen anderen aber gilt mein Dank Frau Bettina Otto-Hallmann. Sie war für jedes der folgenden Kapitel meine inspirierende Gesprächspartnerin und hat mit großem Geschick die Märchen und Mythen, um die es geht, für jedes Kapitel kurz und prägnant zusammengefasst und nacherzählt.

Ammerbuch, im Juni 2000 *Hans Jellouschek*

# Hänsel und Gretel

## Wie Paare sich miteinander von einer schlimmen Vergangenheit befreien können

*Worum es in diesem Kapitel geht*

*Die Partner – beide noch recht jung oder jedenfalls so wirkend – sind wie zwei Kinder, die sich verirrt haben. Sie kommen mit vielem im täglichen Leben nicht zurecht, sind ziemlich frustriert und machen sich dies noch zusätzlich gegenseitig zum Vorwurf. Er hat das Gefühl, im Käfig zu sitzen, und sie, Frondienste leisten zu müssen. Wie sie sich aus diesem schlimmen Muster lösen und zu einem guten Zusammenspiel kommen können, das lässt sich an ihrem »Zwillingspaar« Hänsel und Gretel lernen.*

Von Zeit zu Zeit bin in meiner Arbeit als Paartherapeut Paaren begegnet, die sich in meiner Erinnerung als Hänsel-und-Gretel-Paare festgesetzt haben. Diese Paare sind oft noch sehr jung oder wirken jedenfalls jünger als sie sind. Sie kommen mir vor wie zwei Kinder, die sich unter schwierigen Umständen zusammengetan haben und von zu Hause weggelaufen sind. Nun irren sie, einander an den Händen haltend, durch den dunklen Wald dieser Welt und verirren sich dabei immer heilloser. Ich habe über diese »Hänsel und Gretel-Diagnose« zunächst nicht weiter nachgedacht, aber eines Tages interessierte es mich doch, ob mir das Märchen weiteren Aufschluss über solche Paare geben könnte. Ich hatte es nur noch sehr vage im Gedächtnis und habe es darum bei den Brüdern Grimm noch einmal nachgelesen. Und siehe da – wenn ich dieses typische Kindermärchen als Beziehungsmärchen lese, zeigt es mir tatsächlich viele interessante und erhellende Aspekte zum Verständnis solcher Paarbeziehungen. Märchenforscher werden eine solche Interpretation wahrscheinlich sehr unangemessen finden, handelt es sich doch bei Hänsel und Gretel um ein Geschwisterpaar im Kindesalter, nicht um ein erwachsenes Paar. Ich bin mir der Problematik meiner Sichtweise wohl bewusst. Aber da ich beim Schauen durch meine »Paar-Brille« so viele interessante Dinge entdeckt habe, möchte ich meine Leser und Leserinnen doch gerne daran teilhaben lassen. Den meisten wird das Märchen zwar bekannt sein, aber wie es genau verläuft, wissen sie so wie ich wahrscheinlich nicht mehr. Darum möchte ich Sie einladen, bei den Brüdern Grimm noch einmal nachzulesen, oder noch besser: das Märchen dem Partner, der Partnerin an einem Abend vorzulesen. Diese Einladung, den ursprünglichen Quellentext nach- oder sich gegenseitig vorzulesen, gilt auch für alle weiteren Geschichten, die ich in diesem Buch interpretieren werde. Für diejenigen, denen das nicht möglich ist, soll hier wie auch in den folgenden Kapiteln eine kurze Inhaltsangabe folgen.

## Nacherzählung von »Hänsel und Gretel«

*Vor einem großen Walde wohnte ein armer Holzhacker mit seiner Frau und seinen zwei Kindern. Als eine große Teuerung ins Land kam und nichts mehr zu Essen da war, drängte die Frau ihren Mann, die Kinder im Wald auszusetzen. Schweren Herzens gab der Mann schließlich nach. Die Kinder hatten das Gespräch mitangehört. Gretel weinte vor Angst, aber Hänsel dachte sich eine List aus: Noch in der Nacht sammelte er in seine Taschen weiße Kieselsteine und als die Alten sie am nächsten Morgen in den Wald führten, ließ er Stein um Stein fallen, während Gretel die zwei Brotstücke trug, die die Stiefmutter ihnen mitgegeben hatte. Stiefmutter und Vater warteten, bis Hänsel und Gretel im tiefen Wald am Feuer eingeschlafen waren, und gingen, die Kinder zurücklassend, nach Hause. In der Nacht wachten Hänsel und Gretel auf und da die Kieselsteine hell im Mondschein schimmerten, fanden sie leicht den Weg zurück. Bald darauf, als die Not wieder groß war, sollten die Kinder wieder ausgesetzt werden und hörten es. Diesmal war aber die Tür verschlossen, sodass Hänsel keine Steine sammeln konnte. Er streute statt dessen Brotkrumen hinter sich, doch die Vögel fraßen sie und die Kinder fanden in der Nacht nicht mehr heim. Sie liefen immer tiefer in den Wald hinein und fanden nur wilde Beeren, um ihren Hunger zu stillen.*

*Am dritten Morgen standen sie mitten im Wald plötzlich vor einem Häuschen, das aus Brot gebaut und mit Kuchen gedeckt war. Die Fenster waren von hellem Zucker. Die halb verhungerten Kinder kosteten erst zögernd, begannen dann aber bald genussvoll davon zu essen. Eine steinalte Frau, die herausgeschlichen kam, erschreckte die beiden zuerst, aber als sie ihnen Milch und Pfannkuchen mit Zucker, Äpfeln und Nüssen reichte, fassten sie Vertrauen und schliefen in frisch bezogenen Betten erleichtert ein. Am nächsten Tag stellte sich jedoch heraus, dass die Alte in Wirklichkeit eine Hexe war. Hänsel hatte sie in der Nacht in einen Käfig gesperrt, um ihn zu mästen, und Gretel musste bei karger Kost hart arbeiten. Jeden Morgen wollte die Hexe, die enorm kurzsichtig war, Hänsels Finger fühlen, ob er schon dick genug sei. Wieder half ihm eine List, er streckte ihr ein Knöchlein hinaus. Nach vier Wochen wurde es der Hexe zu bunt und sie beschloss, den Hänsel – in welchem Zustand auch immer – zu fressen. Gretel musste den Ofen anfeuern und sollte dann hineinkriechen, um zu kontrollieren, ob er schon heiß genug war. Gretel ahnte, dass es die Hexe auch auf ihr Leben abgesehen hatte, und brachte die Alte dazu, selbst hineinzukriechen. »Da gab ihr Gretel einen Stoß, dass sie weit hineinfuhr, machte die eiserne Tür zu und schob den Riegel vor.« Die Hexe heulte jämmerlich und verbrannte. Sofort befreite Gretel ihren Bruder. Glücklich fielen sich die Geschwister um den Hals, fanden im Haus viel Gold, Perlen und Edelsteine und machten sich dann reich beladen auf den Heimweg. Dieser führte sie zu einem großen Wasser ohne Steg und Brücke. Gretel bat eine weiße Ente, sie hinüberzubringen. Die Ente tat ihnen den Gefallen. Hänsel hätte am liebsten gehabt, dass sie sich zu zweit auf die Ente setzten, doch Gretel mochte das Tier nicht zu sehr belasten und schickte Hänsel allein voraus. Als sie beide glücklich drüben waren, dauerte es nicht mehr lange und sie erreichten des Vaters Haus. Er war überglücklich, seine Kinder wieder zu haben. Die Stiefmutter war inzwischen gestorben. »Da hatten alle Sorgen ein Ende, und sie lebten in lauter Freude zusammen.«*

Mir scheint das Märchen – als Beziehungsgeschichte gelesen – Antworten vor allem auf zwei Fragen zu geben, nämlich erstens: Wie lässt sich bei den Hänsel-und-Gretel-Paaren die Krise verstehen, in der sie stecken, und wie sind sie da hineingeraten? Und zweitens: Was sind hilfreiche Strategien und Verhaltensweisen, um diese Krise zu bewältigen? Es fällt ja auf, dass Hänsel und Gretel der Wirklichkeit sehr klar und realistisch ins Auge sehen und mit ihrer Krise sehr initiativ und kreativ umgehen, etwas, das bei den entsprechenden Paaren oft ganz anders ist und was sie von ihren märchenhaften Urbildern lernen könnten. Ich will die Antwort, die mir das Märchens auf die beiden Fragen zu geben scheint, in drei Schritten entfalten.

## Die Familien-Situation

Hänsel-und-Gretel-Paare haben sich oft deshalb schon in jungen, manchmal sehr jungen Jahren zusammengetan, weil sie es zu Hause in ihren Herkunftsfamilien nicht mehr ausgehalten haben. Das Märchen schildert die Familie in einer akuten Notsituation: Es ist zu wenig Nahrung da. Wir können in dieser äußeren Notsituation die innere Not symbolisiert sehen, in der sich die Familien von Hänsel-und-Gretel-Paaren oft befinden. Das würde bedeuten: Hier herrscht Mangel an seelischer und emotionaler Nahrung. Die Kinder haben in dieser Familie deshalb keinen sicheren Platz. Die Eltern sind bereit, sie zu opfern, um selber zu überleben. Das ist in der Krassheit der Märchendarstellung auf die Realität der meisten Hänsel-und-Gretel-Paare nicht direkt übertragbar.

Aber täuschen wir uns nicht: Seelisch gesehen und was die Beziehungsqualität zwischen Eltern und Kindern angeht, ereignete und ereignet es sich häufiger, als wir es für möglich halten. Die eigene seelische Not und Bedürftigkeit macht die Eltern unfähig, die Not und Bedürftigkeit der Kinder zu sehen und angemessen darauf zu reagieren. Das geschieht auch in wohlhabenden, gebildeten und gut situierten Familien jeden Tag. Vielleicht waren die Eltern so mit äußeren Dingen beschäftigt, mit Beruf, Hausbau, Geldverdienen, dass sie auch innerlich davon aufgefressen wurden und nichts mehr an emotionaler Wärme für die Kinder übrig blieb. Vielleicht hatten sie selber mit Depressionen oder Minderwertigkeitsgefühlen zu kämpfen, waren vielleicht mit ihrer Paarbeziehung oder ihrer ganzen Lebenssituation so unzufrieden, dass ihnen das die Kraft raubte, den Kindern Geborgenheit und Sicherheit zu vermitteln. Vielleicht waren sie so sehr mit »ihrem eigenen Kram« beschäftigt, dass sie nicht in der Lage waren, den Kindern angemessene Resonanz zu geben, und diese Resonanz, dieses wirklich auf die Kinder Eingehen und auf sie Reagieren wäre die wichtigste Nahrung gewesen, die sie gebraucht hätten, und daran herrschte in den Familien von Hänsel-und-Gretel-Paaren häufig akuter Mangel. So grausam es klingt, aber es passierte und passiert immer wieder, dass Eltern auf diese Weise ihre Kinder seelisch aussetzen, wie es von Hänsel und Gretel auch drastisch-äußerlich dargestellt wird.

Dabei wird, wie das häufig im Märchen geschieht, der Frau eine ganz und gar böse Rolle zugeschoben, während das Märchen mit dem Mann sehr barmherzig umgeht und ihn recht gut wegkommen lässt. Wenn man aber genau hinsieht, dann lässt sich diese einseitige Sichtweise nicht einmal nach dem, was das Märchen ausdrücklich berichtet, aufrecht erhalten. Denn wie passiv verhält sich dieser Vater! Immer wieder gibt er wider besseres Wissen und Gewissen dem Drängen der Frau nach. Man kann sich lebhaft vorstellen, wie wenig er ihr ein wirkliches Gegenüber ist, an dem sie Halt hat, und wie wenig er seinen Platz an ihrer Seite wirklich behauptet! Kein Wunder, wenn sie das Gefühl bekommt, mit den Kindern ums Überleben konkurrieren zu müssen, und vielleicht aus Frustration darüber zu dieser »bösen« Stiefmutter wird.

Hänsel-und-Gretel-Paare kommen meist aus Familien, in denen es seelisch nicht auszuhalten war, weil die Eltern so mit ihren eigenen Problemen beschäftigt waren. Darum passiert es häufig, dass sie zu früh von zu Hause weggehen, nämlich bevor sie sich schon wirklich innerlich abgelöst haben: weil sie sich ausgestoßen fühlen, weil ihnen seelisch die Nahrung fehlt. So sind sie – auch wenn sie in der Realität natürlich aus verschiedenen Familien kommen – gleichsam Geschwister in dem, was jeder zu Hause erlebt hat. Das verbindet die beiden tief miteinander, und darum ist es am Anfang meist auch eine sehr große und rührend innige Liebe, die sie miteinander erleben. Das gemeinsame Bündnis gibt ihnen die Hoffnung, jetzt zu finden, was sie zu Hause so bitter vermisst haben. Dieser Zusammenhang ist ihnen freilich meist nicht bewusst, sie erleben einfach etwas so Schönes miteinander, das sie bis jetzt noch nie erlebt haben, und darum meinen sie selig, die große Liebe gefunden zu haben, und tun sich für ihr weiteres Leben zusammen.

## Die Krise

Im Märchen bewährt sich dieses Bündnis zunächst sehr. Die erste Attacke überstehen Hänsel und Gretel bravourös, weil sie zusammenhalten, weil sie sich nicht als passive Opfer verhalten, sondern mit Schlauheit und Kreativität ihrem Schicksal begegnen. Dadurch, dass Hänsel Kieselsteine sammelt und sie als Markierung auf dem Weg ausstreut, während Gretel ihm kooperativ assistiert, finden sie wieder zurück. Das heißt aber freilich auch: Beide landen dadurch wieder zu Hause. Bedeutet das: Sie widerstehen zwar, aber sie bleiben dabei trotzdem noch in der Kindposition? Bedeutet das: Die Eltern bleiben die Mächtigen, denen sie sich nach wie vor ausgeliefert fühlen? Auf die Realität übertragen, könnte es sich um einen Ablöseversuch handeln, der noch nicht wirklich gelingt. Das ist bei Hänsel-und-Gretel-Paaren nicht selten so: Sie halten zwar zusammen, inszenieren zum Beispiel einen Riesen-Krach mit den Eltern oder Schwiegereltern, aber man spürt deutlich: Das bringt es noch nicht. Sie bleiben gebunden, sozusagen negativ gebunden im »Gegen«, sie unterstützen zwar einander und wehren sich miteinander, aber bleiben im gemeinsamen »Gegen« eben doch noch kindlich auf die Eltern fixiert. Diese Auseinandersetzung, so erfolgreich sie äußerlich zu verlaufen scheint, bringt also noch keine Lösung. Ein untrügliches Zeichen, dass die Lösung noch nicht erreicht ist, besteht darin, dass sich das Ganze wiederholt. Hänsel und Gretel müssen zuerst in ihre eigene große Krise kommen, damit die Entwicklung für sie konstruktiv weitergehen kann.

Diese eigentliche Krise ereignet sich beim zweiten Mal. Irgendetwas passiert, dass es kein Zurück mehr gibt. Im Märchen hat die Stiefmutter die Tür zugesperrt, sodass Hänsel nicht mehr an die rettenden Kiesel kommt. Die Tür zu den rettenden Tricks ist zu, die Brotkrumen, die sie an ihrer Stelle verwenden, werden von Vögeln aufgepickt, sodass sie nicht mehr zurückfinden. Nun landen Hänsel und Gretel nicht mehr zu Hause, sie müssen allein in den Wald hinaus. Aber das allein bringt auch noch nicht die Lösung. Zunächst wird es nun erst recht kritisch. Die beiden verlaufen sich und fühlen sich vollends wie verlorene Kinder, die nicht mehr aus noch ein wissen. Genauso geht es Hänsel-und-Gretel-Paaren: Irgendwann ist die Opposition gegen Eltern und Schwiegereltern erschöpft, die Eltern sind vielleicht weit weg, oder sie sind alt und sanft geworden, oder sie sind gar schon gestorben. Hänsel und Gretel sind jetzt allein auf der Welt und darauf angewiesen, miteinander und ohne Dritte, auf die sie etwas abschieben könnten, klarzukommen. Und da verirren sie sich hoffnungslos im Wald.

Den Wald können wir als ein Symbol für das Unbewusste sehen, das Unbewusste ihrer eigenen Seelen, mit dem sie es nun zu tun bekommen. Das Unbewusste ist jener Bereich unserer Seele, der unter unserem Tagesbewusstsein im Dunkeln liegt, es ist der Bereich unserer seelischen Kräfte, die wir noch nicht oder nicht mehr kennen, und es ist der Bereich, in dem frühere Erlebnisse und Erfahrungen aufbewahrt sind, auch die »unerledigten Angelegenheiten«, die wir verdrängt haben, weil wir sie nicht anders bewältigen konnten. Dieser Wald des Unbewussten gehört zu unserer Person. Wir müssen in sein Dunkel eintauchen, damit wir zu unserer eigenen Identität finden. Im Wald finden wir also einerseits wie Hänsel und Gretel in den Beeren Nahrung zur eigenen Selbstwerdung, und im Wald begegnen uns andererseits die wilden Tiere und die Hexe, das Bedrohliche also, mit dem wir uns ebenfalls auseinandersetzen müssen, um wir selber zu werden. Das steht bei Hänsel und Gretel zunächst im Vordergrund. Jetzt, wo sie von den Eltern weg sind, taucht das Bedrohliche, Gefährdende aus ihrer eigenen Seele auf. Im Märchen stellt es sich dar als Knusperhäuschen, in dem eine Hexe wohnt.

Doch das Knusperhäuschen ist zunächst ja gar nicht bedrohlich. Es ist ein richtiges kleines Schlaraffenland. Man kann die Fensterscheiben wie Zuckerguss schlecken und die Dachziegel wie Lebkuchen verspeisen. Und die Hexe passt zunächst zu diesem Bild, denn sie ist freundlich und fürsorglich, sie trägt gutes Essen auf, Milch und Pfannkuchen mit Zucker, Äpfeln und Nüssen, und sie lässt sie in kuscheligen frisch bezogenen Betten schlafen. Johannes Schaaf hat diese Hexe in seiner Stuttgarter Inszenierung der Hänsel-und-Gretel-Oper von E.Humperdingk sogar als vitale und verführerisch schöne Frau auftreten lassen. Hänsel und Gretel scheinen ins Paradies, in den Himmel, zur guten Mutter schlechthin geraten zu sein. Freilich ist das, wie wir wissen, eine Falle, die sehr bald zuschnappt. Könnte das – psychologisch gedeutet – heißen: Nun, da die erste Verliebtheit vorüber ist, die äußeren Kämpfe mit den Eltern und Schwiegereltern ausgefochten sind, da sie vielleicht ihr Häuschen oder die eigene Wohnung bezogen haben, jetzt holt sie die unbewältigte Vergangenheit ihrer Kindheit ein und schlägt sie in ihren Bann? Und zwar typischerweise in einer ganz bestimmten Form: nämlich als Hoffnung und Erwartung, dass die Versorgungsansprüche, die in der Kindheit von den Eltern nicht erfüllt wurden, jetzt in der Paarbeziehung durch den Partner erfüllt werden? Der Partner, die Partnerin als reichlich spendende paradiesische Liebes-Quelle, die alles bisher Vermisste ersetzt? Mit dieser Hoffnung und Erwartung aneinander aber geraten beide, Hänsel und Gretel, in den Bann der bösen Hexe, oder mit C.G.Jung ausgedrückt: Der unbewältigte negative Mutterkomplex taucht auf und beginnt ihr Leben und ihr Zusammenleben zu dominieren.

Auch hier ist, wie bei der bösen Stiefmutter, in Gestalt der Hexe wieder nur vom negativ weiblichen beziehungsweise negativ mütterlichen Aspekt die Rede, den in solchen Fällen fast immer auch vorhandenen unverarbeiteten väterlich-männlichen Anteil verschweigt das Märchen wiederum. Wir müssen ihn hier aber wieder mitdenken und sagen: In der Gestalt der Hexe taucht das unbewältigte Drama ihrer Herkunftsgeschichte, die unbewältigte Beziehungsgeschichte mit ihren Eltern wieder auf und kommt zur Wirkung.

Denn mit Milch, Pfannkuchen und den weichen Betten ist es bald vorbei. Die Ideal-Erwartungen erfüllen sich nicht, die Wünsche und Sehnsüchte nach dem Beziehungs-Schlaraffenland werden enttäuscht. Das Bild kippt: Aus dem Knusperhäuschen wird ein Gefängnis und aus der liebevoll fürsorglichen, vielleicht – in der Sicht des Opernregisseurs – sogar wunderschönen und verführerischen Frau wird eine dominierende, gierige, hässliche und ausbeuterische Hexe. Hänsel wird in den Käfig gesperrt und sieht seiner Schlachtung entgegen und Gretel muss schuften und arbeiten, ohne das Nötigste fürs Überleben zu bekommen.

Im Märchen ist es für beide klar: Es ist die Hexe, die uns das eingebrockt hat. Im wirklichen Leben bleibt die Hexe, die zwischen den beiden steht, meist unsichtbar. Das heißt, beide fangen an, sich selbst das Leben gegenseitig schwer zu machen und sich für ihre enttäuschten Hoffnungen die Schuld zu geben. Der Hänsel im realen Leben erlebt seine Ehe mehr und mehr als das Gefängnis, in das er geraten ist. Seine Gretel kann ihm nicht die Wünsche erfüllen, die er zu Recht an seine Eltern hatte und jetzt auf sie zu richten beginnt. Darum erlebt er seine Gretel mehr und mehr wie im Märchen, in dem sie schuften muss, »im Dienst der Hexe«. Sie beginnt in seinen Augen immer mehr der Stiefmutter zu gleichen, die zwar äußerlich eine Menge für ihn getan hat, aber eben nicht zu seinem Besten, sondern im eigenen Interesse, um ihn sozusagen selber zu verspeisen, das heißt ihre eigene Bedürftigkeit durch ihn zu nähren.

Die Gretel im realen Leben wiederum erlebt diese seine Ansprüchlichkeit und plagt sich ihrerseits vielleicht für ihn ab, erlebt aber, dass er – gleichsam wie hinter Gitterstäben – immer weniger für sie erreichbar wird. Sie spürt, dass sie ihm nicht gerecht wird, sie spürt, dass sie überfordert ist, ihn aus seinem Gefängnis herauszuholen. Ja sie macht die Erfahrung, die bei vielen jungen Frauen das Selbstwertgefühl untergräbt: dass sie nämlich bei allem Bemühen mit ihrem Verhalten offensichtlich zum Wachsen seines Unglücks sogar noch beiträgt. Aber sie weiß keinen Ausweg und wird schließlich selbst immer unzufriedener und aggressiver und verwandelt sich so sehenden Auges mit einer gewissen Unausweichlichkeit tatsächlich immer mehr in die Hexe, die ihr ihr Mann zum Vorwurf macht: Sie wird ihrerseits bitter, böse und enttäuscht. So geht das Märchen im realen Leben meist weiter, was dann darauf hinausläuft, dass sich Hänsel-und-Gretel-Paare jahrelang mit ihrer Beziehung quälen, enttäuscht und wütend sind, aber doch nicht voneinander lassen können, weil sie andererseits spüren, dass sie sich irgendwo doch tief verstehen und brauchen und sich wie Geschwister eigentlich sehr nahe sind. Aber diese Nähe kommt immer weniger zum Tragen und gibt neuer Enttäuschung und neuer Wut nur weitere Nahrung.

Solche Paare nenne ich »Hänsel-und-Gretel-Paare«: Sie haben sich aus der beglückenden Erfahrung ihrer

Liebe heraus von dieser Liebe die Befreiung aus einem belastenden Elternhaus erhofft. Ihre Liebe ist zunächst deshalb so beglückend, weil sie aus einer ähnlichen Erfahrung heraus mit dem andern eine Vertrautheit erleben, als ob sie Geschwister wären. Es ist wie wenn sie sich schon unendlich lange kennen würden. So tun sie sich, oft schon in sehr jungen Jahren, als Paar zusammen. Damit aber werden sie gleichsam zu früh erwachsen, sie überspringen die eigene Adoleszenz- und Ablösungsphase. Das heißt, sie bleiben ganz gegen ihr bewusstes Wollen innerlich an ihre Eltern gebunden. Denn nicht, wenn man zu viel, sondern wenn man wenig oder gar keine Liebe und echte Fürsorge von den Eltern erfahren hat, wird die Ablösung zum Problem. Unerfüllte Wünsche und Sehnsüchte binden viel mehr aneinander als alles andere, weil man dann innerlich immer noch die Hände nach dem, der sie erfüllen könnte, ausstreckt. Das bleibt zunächst im Verborgenen. Im Schwung der ersten Liebe zum Partner und im Bündnis gegen den gemeinsamen Feind, die Eltern, meistert man die ersten Schwierigkeiten wie Hänsel und Gretel mit Bravour. Wenn beide dann aber eine eigene Existenz gegründet haben, wenn die Belastungen durch Beruf und finanzielle Sorgen auftauchen, vor allem, wenn sie durch eigene Kinder selber in die Elternrolle einrücken, dann wird die Unabgelöstheit von den eigenen Eltern deutlich. Wie im Wald verirrte Kinder fühlen die beiden sich dann: verlassen, überfordert, verwirrt. Ohne es zu merken, richten sie ihre unerfüllten Wünsche nach dem Schlaraffen-Knusper-Häuschen, nach großzügiger elterlicher Liebe und Versorgung aneinander und überfordern sich damit heillos. Beide wünschen sich, vom anderen bemuttert und bevatert zu werden, und beide sind enttäuscht voneinander, weil sie es nicht schaffen. Diese Enttäuschung ist dann oft genauso groß wie am Anfang die Hoffnung war. So werden sie immer böser aufeinander und geraten nur immer tiefer in den Wald und in die Fänge der bösen Hexe, ausgeliefert dem unbewussten Zusammenspiel ihrer frühen Beziehungserfahrungen, obwohl es doch ursprünglich ihre Hoffnung war, sich miteinander gerade daraus zu befreien.

## Die Lösung

Im Märchen verläuft es allerdings anders. Im Märchen geht es – wie könnte es anders sein – gut aus. Aber im Unterschied zu vielen anderen Märchen ist es nicht eine Wendung zum Guten durch wunderhafte und magische Kräfte. Hänsel und Gretel befreien sich aus eigener Kraft. Vielleicht gerade aus diesem Grund kann das Märchen auch in diesem Teil, wo die Wendung zum Positiven erfolgt, ganz konkret hilfreich sein. Wie geht es also im Märchen zu, dass Hänsel und Gretel sich nicht in den beschriebenen Teufelskreis verwickeln, sondern aus der Krise gestärkt und gereift hervorgehen und dass sie die Krise nicht endgültig entzweit, sondern neu und tiefer zusammenführt?

Das Erste ist: Hänsel und Gretel erscheinen im Märchen von Anfang an übermächtig bedroht von den Eltern, von den wilden Tieren im Wald, von der bösartigen Hexe. Dennoch erleben und verhalten sie sich, obwohl sie allen Grund dazu hätten, in keiner Phase als bloße Opfer. Hänsel-und-Gretel-Paare neigen meiner Erfahrung nach dazu, sich als Opfer zu definieren: als Opfer ihrer Eltern, als Opfer von Vermieter oder Arbeitgeber, als Opfer ihrer anstrengenden Kinder, und der eine erlebt sich dazu noch als Opfer des anderen. Damit aber geben sie den anderen Macht über sich, sie lähmen ihre Kräfte und verstricken sich immer mehr ins Unglück. Hänsel und Gretel im Märchen dagegen nehmen ihr Schicksal von Anfang bis Ende selber in die Hand und begegnen ihm mit Aktivität und Kreativität: Hänsel sammelt Kiesel, um eine Spur zu legen, beim zweiten Mal streut er Brotbröckchen, weil die Tür zu den Kieseln versperrt ist. Das bringt zwar nichts, aber er versucht es wenigstens. Beide sammeln Nahrung im Wald und fangen, sobald das Knusperhäuschen auftaucht, sofort miteinander an, dieses abzuräumen. Selbst im Käfig hat Hänsel noch einen Einfall, wie er die Hexe hinhalten kann, indem er ihr statt des Fingers das Knöchelchen hinstreckt. Und auch Gretel lässt sich eine List einfallen, bringt die Hexe dazu, selbst im Ofen nachzuschauen und stößt sie im rechten Moment hinein. Obwohl sie schlimme Misserfolge einstecken müssen – sie finden nicht mehr zurück, sie geraten in die Fänge der Hexe, in Frondienst, Gefangenschaft und tödliche Bedrohung – lassen sie sich nicht davon abbringen, immer wieder neue Einfälle zu produzieren und neue Initiativen zu setzen – und das lohnt sich, denn dadurch bewältigen sie schließlich doch die Krise. Die Botschaft des Märchens ist hier eindeutig: Die Bedrohung kann noch so groß, das Schicksal noch so hart sein, die eigenen Eltern mögen noch so versagt und dir ins Leben gepfuscht haben, es gibt eine Lösung, wenn du dich nicht selbst aufgibst und zum Opfer machst. Du kannst etwas tun, und es wird zum Erfolg führen, wenn du trotz Rückschlägen dranbleibst und nicht resignierst.

Zweitens fällt auf, dass Hänsel und Gretel im Märchen die Bedrohung wirklich wahrnehmen. Sie haben natürlich hier gar keine Möglichkeit, sich darüber hinwegzutäuschen oder sich etwas vorzumachen, denn die Hexe, der Käfig und das prasselnde Feuer sind harte Realität. Anders ist es oft bei den Hänsel-und-Gretel-Paaren. Sie haben die Tendenz, die wahren Ursachen ihrer Misere zu verleugnen. Sie verleugnen vor allem, dass sie ihre Eltern, auch wenn sie sich äußerlich von ihnen noch so hart abgegrenzt oder sogar mit ihnen gebrochen haben, trotz alledem auch noch in sich selber tragen, in der eigenen Seele, und dass diese »internalisierten«, nach innen genommenen Eltern nun als Hexe, als die eigentliche Bedrohung ihres Glücks, aus ihren eigenen Seelen auftauchen – ihre Gedanken, ihre Gefühle und ihr Handeln bestimmend. Insofern verleugnen Hänsel-und-Gretel-Paare sehr oft, dass die Hexe zwischen ihnen steht und ihre Beziehungsmuster bestimmt, und sie beschuldigen sich gegenseitig hexenhafter Böswilligkeit als der Ursache allen Übels. So aber wird das Problem nur verschoben und damit unlösbar.

Weiter: Weil Hänsel und Gretel im Märchen diese Bedrohung wahrnehmen und sich nicht darüber hinwegtäuschen, tun sie das gerade nicht: Sie schieben sich nicht gegenseitig die Schuld in die Schuhe. Hänsel macht nicht Gretel für seinen Käfig verantwortlich und Gretel nicht Hänsel für ihre tägliche Mühe und Plage. Beide setzen sich selber mit den wahren Ursachen ihres Kerkers und ihrer Plage auseinander: nämlich mit der Hexe. Hänsel führt sie mit seinem Knöchelchen in die Irre und Gretel schubst sie schließlich eigenhändig in den Backofen. Jeder tut also das Seine. Jeder von beiden setzt sich, statt den anderen als Ursache seines Unglücks zu beschuldigen, sozusagen mit seiner eigenen Hexe auseinander. Das heißt, jeder von beiden kümmert sich selber um das, was er Unerledigtes aus seiner Herkunftsfamilie mitbringt, um seine unerfüllten Wünsche und Sehnsüchte, um seine Abhängigkeiten, Abneigungen und Ambivalenzen. Dadurch retten die beiden sich selber – und diese Selbstrettung ist der entscheidende Beitrag, auch die gemeinsame Misere zu überwinden.

Auf dieser Basis dann, dass jeder seine eigenen Probleme, die er aus seiner Familie mitbringt, sieht und sich darum kümmert, auf dieser Basis können die beiden dann auch wirksam einander helfen. Partner können sich gegenseitig nicht erlösen. Sie können es nicht für den anderen machen. Sie können nicht das aneinander gut machen, was in ihren Herkunfts-Familien schief gelaufen ist. Dafür muss wirklich jeder selber sorgen. Aber wenn jeder das tut, können sie einander dabei trotzdem hilfreich sein, ohne sich in ungute Retter-Opfer-Symbiosen zu verstricken. Hänsel und Gretel im Märchen sind ein Paar, das sich hervorragend gegenseitig unterstützt, das hervorragend miteinander kooperiert. Das ganze Märchen ist von Anfang bis Schluss voll mit Beispielen davon: Sie horchen miteinander die Eltern bei ihren dunklen Plänen aus; weil Hänsel die Tasche voller Steine hat, nimmt Gretel für beide das Brot zu sich; wenn einer verzagt, tröstet ihn der andere; sie teilen ihr Brot miteinander, als sie nur noch eines haben; Hänsel hält die Hexe so lange hin, bis sich eine gute Gelegenheit ergibt, dass Gretel sie in den Ofen schubsen kann, und so weiter. Am Anfang ist wohl Hänsel der aktivere, aber Gretel macht immer mit, bis sie schließlich gegen Schluss des Märchens auch selbst immer mehr Führung und Initiative übernimmt. Bei Hänsel-und-Gretel-Paaren fehlt es oft an dieser gegenseitigen Unterstützung und Kooperation: Vielmehr sabotieren sie sich nicht selten gegenseitig. Weil er von ihr so viel erwartet, geht sie in Streik, oder weil sie von ihm so viel erwartet, verschließt er sich. Einer lässt den anderen hängen, weil er sich selbst so überfordert fühlt. Der entscheidende Punkt, warum sie nicht kooperieren und sich gegenseitig unterstützen, ist zweifellos, weil sie sich die Schuld an der Misere gegenseitig zuschieben. Würde jeder seinen Anteil zugeben und sich darum eigenverantwortlich kümmern, wäre die entscheidende Basis dafür gelegt, zu gegenseitiger Unterstützung und gemeinsamer Kooperation zu kommen.

Im Märchen feiern und genießen Hänsel und Gretel ihren Sieg über die Hexe. Aber sie machen die Erfahrung, dass es damit immer noch nicht getan ist. Gegen Ende des Märchens gibt es noch eine wichtige Episode, an die sich die meisten Menschen, wenn man sie nach dem Märchen fragt, gar nicht mehr erinnern dürften. Da wird nämlich noch eine weitere, insgesamt die dritte Krise geschildert. Der Heimweg der Kinder wird unterbrochen: durch ein großes Wasser, heißt es im Märchen. Auch das Wasser ist ein Symbol für das Unbewusste. Es taucht aus ihren Seelen somit ein neues Hindernis für ein gutes Ende auf. Auch das Wasser hat mit dem Mütterlichen, und wir können wieder ergänzend sagen, mit dem Elterlichen zu tun, das offenbar in seinen negativen Aspekten immer noch nicht restlos »bewältigt« ist, sodass es einfach aus dem Leben verschwunden wäre. Das heißt, die Hexe ist nicht einfach tot, wie Gretel im Märchen gejubelt hat. Sie taucht in verwandelter Form ein weiteres Mal auf. Aber Gretel lässt sich nicht beirren, der bisherige Erfolg hat sie offenbar so gestärkt, dass sie sofort in die Offensive geht. Sie ruft ein hilfreiches Tier, eine Ente, herbei, und – sie hindert Hänsel daran, mit ihr zusammen die Ente als Fähre zu nutzen. Damit macht sie ganz klar, dass man da nicht einfach zusammen über das Wasser kann: Das wäre eine Überforderung für das kleine Tier und würde nur zum Untergang führen. Das heißt, auch hier wieder muss jeder seine Schritte selber tun, und Gretel hat das ganz klar verstanden. Man kann sich helfen, man kann sich unterstützen, aber die eigenen Schritte über das Wasser muss jeder in eigener Verantwortung tun. Diese kleine, oft vergessene Passage des Märchens enthält also nochmals eine wichtige Botschaft: Es wird, auch wenn wichtige, entscheidende Schritte getan sind, diese Situationen immer wieder geben, wo es mit dem Weiterkommen trotzdem schwierig wird, wo Hindernisse aus der eigenen Seele und aus der eigenen Vergangenheit auftauchen. Auch das können Hänsel-und-Gretel-Paare aus dem Märchen lernen: unsere Herkunftsgeschichte, auch mit allen ihren Einschränkungen, gehört zu unserer Identität dazu. Wir können sie nicht einfach abstreifen, wir werden sie mitsamt ihren Hindernissen nicht einfach los. Sie wird in kritischen Augenblicken unserer Beziehung immer wieder auftauchen. Aber wir können lernen, immer konstruktiver mit ihr umzugehen, wir können lernen, uns immer wirksamer dabei gegenseitig zu unterstützen, und es wird dann immer leichter und mit immer weniger Dramatik möglich sein, die Dinge wieder in gute Bahnen zu lenken.

Übrigens ist es vielleicht nicht ganz zufällig, dass es hier Gretel ist, die Hänsel einen Strich durch die Rechnung macht, indem sie ihn hindert, mit ihr zusammen das Entchen zu besteigen. Wenn er gemeinsam mit ihr auf der Ente über den Fluss will, heißt das vielleicht, er hält trotz aller erfolgreichen Auseinandersetzung mit seiner Hexe noch immer ein wenig an einer symbiotischen Beziehungsvorstellung fest. Und wenn Gretel sich wehrt und sagt: Nein, es geht nur nacheinander, nicht miteinander, dann spiegelt sich darin möglicherweise eine Erfahrung, die ich jedenfalls aus der Paartherapie bestätigen kann, nämlich die Erfahrung, dass aufs Ganze gesehen die Männer sich noch ein Stück schwerer tun als Frauen, ihre Erlösungshoffnungen, die sie in die Partnerschaft setzen, endgültig aufzugeben und selber die Verantwortung für ihr Seelenleben zu übernehmen.

Schließlich enthält das Märchen noch eine letzte hoffnungsvolle Botschaft für Hänsel-und-Gretel-Paare: Am Schluss gibt es Schätze über Schätze für beide, Gold, Perlen und Edelsteine. Also die Auseinandersetzung lohnt sich. Die Liebe des Anfangs, die großen Hoffnungen aufeinander, das tiefe Verständnis füreinander, das ist alles nicht kaputt, nicht verschwunden. Es ist reicher und tiefer da als am Anfang, es hat sich auf eine Weise erfüllt, wie es nicht zu erwarten war. Allerdings: Es ist ganz anders gelaufen, als sich die beiden das vorgestellt und gewünscht haben, und es war notwendig, die eigenen Vorstellungen loszulassen, die Krisen anzunehmen und durch sie aktiv und initiativ hindurchzugehen, und zwar nicht nur einmal, sondern immer wieder.

Erst auf diesem Weg finden die beiden am Schluss ihr eigenes Zuhause, in dem sie sich niederlassen und sicher sein können. Dass in diesem Zuhause der gute Vater anwesend, die böse Stiefmutter aber tot ist, entspricht wieder der einseitigen und schwarz-weiß zeichnenden Sichtweise des Märchens. Wenn wir es davon befreien, können wir das vielleicht so deuten: Beide haben die negativen Elternaspekte in ihren Seelen überwunden und können Vater und Mutter nun in einer positiven Weise und versöhnt annehmen. Jedenfalls ist dies oft der Prozess bei Hänsel-und-Gretel-Paaren: Wenn sie nicht in der Opferrolle stecken geblieben sind, wenn sie sich aus ihrem Schuld-Zuschreibungs-Muster befreit haben, finden sie meist auch zu einer Versöhnung mit ihrer Herkunft und können die Eltern in einem milderen Licht und in ihren positiven Seiten sehen.

Hänsel und Gretel, versöhnt mit ihrer Vergangenheit, reich an den Schätzen ihrer Erfahrung, glücklich in ihrer Liebe zueinander: Das ist das hoffnungsvolle Bild, welches das Märchen am Schluss Paaren mitgibt, die sich in dem Geschwisterpaar wiederfinden.

# Die Schöne und das Tier

## Was die Liebe einer Frau bewirken kann und was nicht

*Worum es in diesem Kapitel geht*

*Der in Beziehungs-Dingen unbeholfene Mann (»das Tier«), der durch die Liebe einer wunderbaren Frau (»der Schönen«) veredelt und zum Prinzen verwandelt wird – diese faszinierende Vorstellung geistert noch immer durch die Köpfe von Männern und Frauen. Wie ein solcher »Veredelungsprozess« wirklich vor sich gehen kann, und dies nur wechselseitig, das zeigen uns Amor und Psyche in der antiken Urfassung dieses Märchens.*

## Ein erfolgreiches Musical

Der schrecklich verunglückte Titel »Die Schöne und das Biest« war kein Hindernis, dass dieses Musical in den letzten Jahren auch in Deutschland ein Riesen-Erfolg wurde. Die unmittelbare Vorlage für das Stück war ein Zeichentrickfilm von Walt Disney, und dieser wiederum geht zurück auf das französische Märchen »La Belle et la Béte«, das im 18. Jahrhundert von Madame Leprince de Beaumont verfasst wurde, die sich wiederum auf eine sehr viel ausführlichere ältere Fassung stützt. Der Zeichentrickfilm und das Musical haben außerdem auch mehrere Figuren und Handlungselemente aufgenommen, die der Dichter Jean Cocteau hinzugefügt hat, der den Stoff 1945/46 verfilmte.[1] Auch bei den Brüdern Grimm taucht das Motiv des wilden Tieres, das ein verwunschener Prinz ist, in etwas verniedlichter und verkindlichter Form auf, nämlich im Märchen »Schneeweißchen und Rosenrot«.

Das garstige Tier, das durch die Liebe einer jungen schönen Frau verwandelt wird, muss offensichtlich eine faszinierende Beziehungsfantasie sein, wenn es in dieser Weise immer wieder die Dichter und Komponisten beschäftigt und das Publikum dermaßen anzieht. Worum geht es dabei? Das Tier ist in allen Fassungen des Stoffes eindeutig männlichen Geschlechts. Entweder ist es ein tapsiger Bär oder ein noch viel gefährlicher anmutendes hässliches, zornmütiges und rohes Ungeheuer, eine Mischung aus Wildschwein, Bär und Tiger. Belle, die Schöne, die durch unterschiedlich geschilderte Umstände in das Schloss dieses Ungeheuers gerät, empfindet zuerst Angst, Ekel und Abneigung vor ihm. Aber mit der Zeit entsteht eine Beziehung, Belle gewinnt Einfluss, ja sie hat eine ausgesprochen besänftigende und insgesamt veredelnde Wirkung auf das Untier. Aber sie sträubt sich noch lange Zeit gegen dessen Wunsch, den es jeden Abend vorbringt. Das Tier will nämlich – und hier gibt es in den einzelnen Versionen kleine, feine Unterschiede – es will, dass Belle es heiratet oder liebt oder sogar ganz unverblümt: dass sie mit ihm schläft! Das scheint die schöne, liebe Belle nicht über sich bringen zu können, zumal ihr – jedenfalls in einer der Versionen – im Traum immer wieder ein anmutiger Prinz erscheint, der sehr viel angenehmer und anziehender ist als das Tier. Nach verschiedenen Komplikationen und Verwicklungen ist es aber dann doch so weit: Dem vom Tod bedrohten und schon dem Tod preisgegebenen Untier gesteht Belle ihre Liebe, worauf dieses sich in eben den wunderschönen Prinzen verwandelt, der im Traum erschien und mit dem nun Hochzeit gefeiert werden kann.

Eine anrührende Geschichte. Was für ein Bild von Beziehung zwischen Mann und Frau wird darin sichtbar? Mir scheint: Es ist das Beziehungsbild des Patriarchats, hier gesehen von der weiblichen Seite her. Denn ohne poetische Umschweife übersetzt, bringt das Märchen doch zum Ausdruck: »An sich« und von Natur aus sind die Männer ungehobelte, unbeherrschte, triebhafte Tiere. Erst durch die Liebe der Frau werden sie verwandelt. Ekel und Angst vor diesem Unhold sind durchaus gerechtfertigt. Aber es ist das Schicksal der Frau, ihr schönes Wunschbild (den Prinzen im Traum) aufzugeben, Angst und Ekel selbstlos zu überwinden, sich hin- (bzw. auf-)zugeben und den Unhold zu lieben (und sogar bereit zu sein, mit ihm das Bett zu teilen!). Dann kann es geschehen, dass das Tier sich unter ihrem wohltuenden Einfluss vermenschlicht und sich ihrem Wunschbild annähert – allein durch ihre selbstlose Liebe, zu der der Mann eigentlich nichts beizutragen hat, als »sich lieben zu lassen«.

Patriarchal ist dieses Beziehungsbild, weil es an der dominierenden Stellung des Mannes nicht rüttelt. Er ist und bleibt nach außen der bestimmende »Schlossherr«, während es die vornehmste Aufgabe der Frau ist, sich ihm dienend hinzugeben. Diese Erniedrigung macht sie dadurch wett, dass sie gerade durch ihre Liebe Macht über den Mann gewinnt, sein Dominanzbedürfnis und seine Triebhaftigkeit sozusagen unterläuft und ihn dadurch zähmt. Damit spiegelt die Geschichte genau das Verhältnis zwischen Frau und Mann wider, wie es in der bürgerlichen Gesellschaft etwa des 18. und 19. Jahrhunderts gesehen wurde: Der Mann dominiert nach außen (»offizielles Patriarchat«), aber nach innen, im Binnenraum der Familie, unterwirft die Frau alle ihrer sanften Herrschaft (»inoffizielles Matriarchat«). Ein überholtes Beziehungsmodell im Zeitalter der Gleichberechtigung?

Doch die Menschen strömen in Scharen in das Musical, und zwar auch die jungen, modernen, progressiven. Sehnen sie sich zurück nach diesen »alten Verhältnissen«? Sind die alten Bilder aus einer vergangenen Zeit in den Seelen doch immer noch viel lebendiger als wir es meinen? Das mag alles sein, denn wir erleben ja auch sonst in der heutigen Gesellschaft das Wiederaufleben überholt geglaubter Beziehungsmodelle. Aber vielleicht spielt noch etwas anderes eine Rolle. Vielleicht ist in der Geschichte von der Schönen, dem Untier und seiner Verwandlung doch ein sehr tiefes und weiterhin gültiges Motiv angesprochen, das uns zu Recht immer wieder bewegt. Das wird deutlicher, wenn wir uns nicht bei der Musical-Version aufhalten, sondern das Märchen an seine uralten Wurzeln zurückverfolgen. Höchstwahrcheinlich ist es nämlich einer antiken Vorlage nachgestaltet, die sich bei dem römischen Schriftsteller Apuleius im Rahmen seines autobiografischen

Romans findet: dem Märchen von Amor und Psyche. Es treten dort fast dieselben Figuren auf, und auch im Handlungsablauf gibt es viele Parallelen. Dennoch bekommt bei Apuleius das Ganze einen sehr anderen Sinn und enthält eine andere Botschaft. Um sie zu erfassen, wenden wir uns dieser Urfassung zu. Wem sie nicht zugänglich oder in ihrer komplizierten Sprache zu mühselig ist, dem sei hier wieder eine Kurzfassung geboten:

## Nacherzählung des Märchens »Amor und Psyche«

*»Es waren in einer Stadt ein König und eine Königin. Diese hatten drei Töchter.« Die jüngste der drei hatte bald den Ruf, »so schön wie die Göttin Venus selbst zu sein«. Der Vergleich mit einer Sterblichen erregt den Unmut der Göttin. Venus will die Unglückliche strafen und lässt den Eltern ein schreckliches Orakel verkündigen: Sie müssen ihr Kind in den Felsen aussetzen, wo es von einem Ungeheuer zur Frau genommen wird. Und sie gibt ihrem Sohn Amor den Auftrag, Psyche mit Liebe zu diesem Untier zu schlagen.*

*Psyche findet in den Felsen unvermutet einen schönen Palast, in dem sie sich in ängstlicher Erwartung einrichtet. Bezaubert von ihrer Schönheit, legt sich in der Dunkelheit der Nacht Amor zu ihr, der sich aber aus Furcht vor der Mutter nicht zu erkennen geben will. Er droht der Geliebten, sie auf der Stelle zu verlassen, sollte sie versuchen, den Schleier seiner Identität zu lüften, und verschwindet jedes Mal rechtzeitig vor Tagesanbruch. Psyche freut sich an seinen zärtlich-feurigen Besuchen. Sie lebt nun – abgesehen von dem*

*nächtlichen Liebhaber – allein, aber doch zufrieden im Palast. Sehr bald wird sie schwanger. Bei einem Besuch bedrängen sie ihre neidischen Schwestern, den Geheimnisvollen einmal bei Licht zu betrachten, ob er nicht doch das Ungeheuer sei, das ihr geweissagt wurde. Psyche gibt ihnen und ihrer eigenen Neugier schließlich nach und beleuchtet den schlafenden Amor mit einer Öllampe und hält gleichzeitig ein Messer bereit. Bei seinem Anblick entflammt sie sofort in heißer Liebe, will ihn küssen, verbrennt ihn dabei aber versehentlich mit einem Tropfen heißen Öls, sodass er aufwacht und zornentbrannt entflieht.*
*Um seine Wunde pflegen zu lassen, nistet er sich wieder bei Venus, seiner Mutter, ein. Diese rast vor Wut über den unfolgsamen Sohn und über Psyche, die ihn verführt hat:*
*»Das ist eine würdige Harmonie mit meiner Familie und deiner Artigkeit, dass du zuerst die Vorschriften deiner Mutter, vielmehr Herrin, mit Füßen trittst und meine Feindin nicht mit schmutziger Liebschaft marterst, sondern sogar – ein Knabe in solchem Alter – mit deinen ausgelassenen und unreifen Umarmungen Beischlaf hältst, so dass ich die Feindin womöglich als Schwiegertochter ertragen muss. Aber bilde dir nur ein, du Maulheld und Verderber und Unliebenswürdiger, dass du der einzige Prinz bist und dass ich wegen meines Alters nicht mehr empfangen kann! Das magst du wissen, dass ich einen viel bessern Sohn als du gebären werde oder vielmehr, damit du noch mehr deine Schande spürst, einen von meinen Haussklaven adoptieren und ihm diese Flügel und Flammen und den Bogen und sogar die Pfeile und die ganze Ausrüstung schenken werde, die ich dir zu diesem Gebrauch nicht gegeben habe ...«*

*Inzwischen irrt Psyche auf der Suche nach ihrem Geliebten durch die Welt. Venus nimmt sie gefangen, lässt sie auspeitschen, demütigt sie und stellt ihr unbarmherzig Aufgabe um Aufgabe, die der Armen so unlösbar erscheinen, dass sie aller Lebenswille verlässt: Sie muss Berge von Getreidesamen, Erbsen, Linsen und Bohnen sortieren, steile Felsen erklimmen, um von angriffslustigen Widdern eine goldene Locke zu holen, aus geheimnisvollen, von Schlangen bewachten Wassern muss sie schöpfen und aus der Unterwelt soll sie der unersättlichen Venus eine Schönheitssalbe bringen.*

*Mit Hilfe mitleidiger Tiere, Pflanzen und sprechender Steine gelingt es Psyche, die Aufgaben zu erfüllen. Ameisen sortieren ihr die Samen. Das Schilf gibt ihr den Rat, die Haarlocken bei Sonnenuntergang, wenn die Widder schlafen, von den Sträuchern zu sammeln. Ein Adler hilft ihr, das Wasser zu schöpfen, und ein Turm weist ihr nicht nur den Weg in den Hades, sondern informiert sie auch detailliert, wen sie auf ihrem Weg in die Unterwelt treffen wird und wie sie sich zu verhalten hat. Als sie schließlich die Schönheitssalbe in Händen hält, lässt es ihr doch keine Ruhe und, das Verbot der Venus in den Wind schlagend, öffnet sie die Dose. Sofort versinkt sie in ewigen Schlaf. Doch nun wird Amor, der seine Liebe zu Psyche inzwischen erkannt hat, aktiv. Um sie zu retten, wendet er sich an den Göttervater Zeus um Hilfe. Dieser ist ihm gewogen und besänftigt die rachsüchtige Venus, indem er Psyche Unsterblichkeit verleiht. Darauf wird eine standesgemäße, wahrhaft göttliche Hochzeit gefeiert. »... und es ward ihnen zur rechten Zeit eine Tochter geboren, die wir Wonne nennen.«*[2]

Der augenfälligste Unterschied zum Märchen von der Schönen und dem Tier ist, dass der Geliebte nicht real ein Untier ist, sondern – durch die Intervention der Schwestern Psyches – in ihrer Vorstellung dazu wird. Dadurch bekommt aber die gesamte Erzählung einen völlig anderen Sinn.

Amor (griechisch: Eros) und Psyche sind ein sehr junges Paar, ähnlich wie Hänsel und Gretel. Aber bei ihnen spielt die erotisch-sexuelle Vereinigung eine große Rolle, die bei Hänsel und Gretel, da es sich bei ihnen ja in der Sicht des Märchens um ein Geschwisterpaar handelt, verständlicherweise keine Bedeutung hat. Ungebremst von christlichen Hemmungen lässt Apuleius Psyche die Lust, die sie mit dem Unbekannten im Dunkel der Nacht erlebt, in höchster Begeisterung preisen. Es handelt sich somit um ein Paar, das miteinander über längere Zeit hin intensive sexuelle Lust erlebt.

Amor / Eros ist der geflügelte Knabe mit Pfeil und Bogen, wie wir ihn aus antiken und barocken Darstellungen kennen, und Psyche scheint ebenfalls noch ein sehr junges Mädchen zu sein. Sie ist unglaublich schön und darum der Mittelpunkt des Interesses der Menschen. Diese sehen in ihr eine neue Venus (griechisch: Aphrodite), eine neue Liebesgöttin verkörpert. Diese Verherrlichung nach außen hat aber – wie so oft – eine Kehrseite nach innen. Psyche scheint ein einsames Mädchen zu sein. Ihre Eltern verhalten sich zu ihr ohne Einfühlung und Verständnis. Sie hat in ihnen keinen Rückhalt, als ihr Gefahr droht. Sie sehnt sich nach Liebe, und diese Sehnsucht richtet sich immer mehr nach außen, auf einem möglichen Partner.

Amor hat von seiner Mutter Venus den Auftrag, Psyche mit seinem Pfeil zu verletzen, sodass sie sich – zur

Strafe für die »Konkurrenz« – in ein Ungeheuer verliebt. Amor ist der typische »Sohn-Geliebte« der antiken Muttergöttinnen, zugleich Sohn, den sie gebar, und Liebhaber, mit dem sie sich vereinigt – ursprünglich, um den Jahreskreis vom Winter wieder in den fruchtbaren Frühling, den Amor verkörperte, voranzubringen. Psychologisch erscheint Amor, schon in der Art wie Apuleius ihn schildert, als der Urtyp des »Muttersohns«, an sie gebunden, ihr unterworfen und zugleich rebellisch sich von ihr befreiend. So auch in unserem Märchen. Amor gehorcht nicht. Als er die schlafende Psyche sieht, verliebt er sich in sie – und wird so seiner Mutter »untreu«.

Aber das darf natürlich nicht ruchbar werden. Darum darf Psyche Eros auch nicht sehen und erkennen. So schließen sie die folgende Vereinbarung: Amor wird Psyche besuchen, und sie werden sich lieben, aber das muss im Dunkel der Nacht geschehen, in der seine Gestalt verborgen bleibt, und Psyche darf nicht von ihm wissen wollen, wer er eigentlich ist. So treffen sie sich Nacht für Nacht und feiern immer wieder miteinander das Fest der Sinne, und lange Zeit scheinen alle damit zufrieden zu sein, entweder weil sie nichts davon wissen oder weil sie es ungestört genießen können.

Wovon hier die Rede ist, ist wohl die Intensität einer ersten Liebe. Psyche hat endlich gefunden, wonach sich ihr liebehungriges Herz sehnt, und Amor hat sich endlich dem Besitzanspruch seiner Mutter entzogen. Aber alles muss im Dunkel stattfinden. Das bedeutet zweierlei. Zum einen: Es sind nicht wirklich zwei, die sich hier begegnen – von Angesicht zu Angesicht. Was sie erleben, ist selige Verschmelzung, ist seliges Einswerden. Einer »sieht« den anderen noch nicht als von ihm getrenntes Wesen, als Gegenüber. Und zum andern: Was geschieht, muss verborgen bleiben – unter Androhung sofortiger Trennung. Amor spricht diese Drohung aus, und das ist ja nun »typisch Muttersohn«. Die Mutter darf nichts davon erfahren, nur so kann und »darf« er seine Liebe zu einer anderen Frau voll ausleben. Und am Tag ist er wieder bei ihr, als ob nichts gewesen wäre. Aber auch das ist zunächst kein Hindernis, es ist ja so schön miteinander im Dunkel der Nacht, auch noch mit dem Reiz des Verbotenen dazu. Psychologisch heißt das aber: Diese Liebe ist noch voll im Dunkel des Unbewussten, sie ist ohne wirkliches Gegenüber und sie ist ohne Abgrenzung – weder nach innen, noch nach außen. Es ist eine innige, intensive Liebe, aber eine zutiefst symbiotische Liebe, wie wir ihr gerade in »ersten Lieben« häufig begegnen. Das ist gut so, in gewissem Sinn muss es sogar so sein. Aber es kann nicht so bleiben. Gerade wenn diese Liebe so tief, innig und intensiv ist, gerade dann, wenn sie sich wie im Märchen voll entfalten, wenn sie voll ausgelebt werden kann, wird sie eine Entwicklung in Gang setzen, die schmerzlich alles zu zerstören droht, aber sein muss, damit die Liebenden im Herzen erwachsen werden.

## Das Erwachen Psyches

Im Märchen werden nun die beiden Schwestern aktiv. Sie werden ja – ganz ähnlich den Schwestern von Belle in der »Schönen« – als einigermaßen unsympathische Geschöpfe dargestellt, neidisch, übelwollend, mit ihren eigenen Beziehungen zutiefst unzufrieden. Aber psychologisch gesehen spielen sie eine ganz wichtige Rolle: Für Psyche wird durch sie die Frage unabweisbar: Wer ist der eigentlich, mit dem ich jede Nacht selig verschmelze? Wieso zeigt er sich nicht? Wieso verschwindet er jedesmal wieder? Muss er verbergen, wer er wirklich ist? Ist er vielleicht gar das vom Orakel geweissagte Ungeheuer in Tiergestalt, dem sie sich da hingibt? Sie kann nicht mehr so ungefragt in der symbiotischen Verschmelzung aufgehen. Ihre Liebe will sehen. So beginnt sie, aus dem Dunkel des Unbewussten aufzutauchen.

An dieser Stelle fallen mir zahlreiche Parallelen aus Paartherapien ein. Wenn die erste Zeit intensiver Verliebtheit vorüber ist, wenn der Alltag einkehrt, sie vielleicht das erste Kind hat und er Karriere zu machen beginnt ... In der Nacht will er nach wie vor selig mit ihr verschmelzen, und am Morgen ist er weg. Sie weiß nicht, was mit ihm ist, sie erfährt immer weniger, was ihn bewegt, und sie beginnt, Fragen zu stellen, mit Freundinnen zu reden, psychologische Bücher und Magazine zu lesen, die dem betroffenen Mann, dessen »Ruhe« durch sie gestört wird, oft genau so unsympathisch erscheinen wie im Märchen »die Schwestern« dargestellt werden. Der Frau kommt allmählich der Verdacht, dass es nicht nur die Arbeitsfülle ist, die ihn so spät nach Hause kommen lässt, und sie beginnt, sich zu fragen: »Entzieht er sich mir damit vielleicht?« Sie spürt immer deutlicher: Jetzt, wo »es Tag wird«, der Alltag einkehrt, kann er die Bezogenheit zu ihr nicht aufrecht erhalten. Da werden plötzlich andere Dinge wichtiger. Ist er vielleicht deshalb so weit weg und nicht mehr erreichbar, weil sein Herz noch anderswo gebunden ist? So fragt sie sich, aber ihm scheint nichts aufzufallen. Im Dunkel der Nacht, da will er wieder mit ihr selig verschmelzen.

Ja, und dann beginnt sie, es wirklich wissen zu wollen. Wie Psyche greift sie zu »Licht« und »Dolch«. Sie fängt an, genauer hinzuschauen (Öllampe), und sie fängt an, sich nicht mehr abwimmeln zu lassen, sondern nachzubohren (Dolch): »Ist denn das alles in deinem Beruf wirklich so wichtig? Wem gehorchst du da eigentlich innerlich? Den Ansprüchen deiner Mutter, deines Vaters, für die du immer der Tolle sein musstest? Oder bist du gar ein ausbeuterisches Tier, das nichts anderes als Sex im Kopf hat und dem es gar nicht um mich geht?« – Sie will der Sache nun endlich auf den Grund gehen, statt weiter »unbewusst« und selig mit ihm zu verschmelzen.

Leider verträgt er das meistens nicht, so wie sein antikes Vorbild Amor in der Geschichte. Wie diesem das heiße Öl aus der Lampe Psyches eine Wunde brennt, so fühlt auch er sich durch das neue Verhalten seiner Frau gestört, verletzt, vor den Kopf gestoßen. Er fühlt sich aufgeschreckt, vielleicht auch ertappt, und das will er nicht. Also macht er nunmehr endgültig zu und verschwindet – wie Amor – auf Nimmer-Wiedersehen, jedenfalls wenn sie nicht aufhört, Licht und Dolch zu gebrauchen. Auf Nimmer-Wiedersehen in dem Sinn, dass er sich entweder auch äußerlich trennt (vielleicht sogar wie Amor zu seiner Mutter zurückkehrt) und sich eine neue Geliebte »im Dunkel« sucht, oder aber in dem Sinn, dass er sich immer mehr abschottet, in der Arbeit versinkt und seelisch-mental immer weniger präsent ist, auch wenn er physisch wie sonst am Abend nach Hause kommt und dann wieder mit ihr schlafen will, worauf sie nun ihrerseits mit immer mehr Abweisung reagiert und aus ihrem Erleben reagieren »muss«.

In der Realität ist es leider oft genauso wie im Märchen: Der Mann verträgt das Licht nicht, es verletzt ihn und er haut ab. Und auch wenn die Frau darüber sauer wird, im Herzen ergeht es ihr oft genauso wie das Märchen von Psyche schildert: Sie fühlt sich ihm tief verbunden, sie sehnt sich nach ihm, nach seinem Körper, nach seinem Geruch, nach seiner Zartheit und Jugend, die sie noch an ihrer Haut spürt. Aber sie kann sich nicht mehr hingeben – denn für sie müsste jetzt eine andere Qualität dazukommen, ein Mehr an Licht, an Bewusstheit, an Gesprächen, an Auseinandersetzung. Aber das alles weist er abrupt zurück. Eros ist aus der Beziehung verschwunden.

## Die Suche nach dem Eros

Für Frauen, die das erleben, wird nun bedeutsam zu sehen, wie Psyche mit dieser Situation umgeht. Psyche erleidet großen Schmerz – wie die Frauen in unserem Beispiel meistens auch. Und sie macht sich nun entschieden allein auf den Weg und widmet sich den Aufgaben, die ihr gestellt werden und die sie nun ganz alleine lösen muss. Im Märchen hat sie auch gar keine andere Wahl. Und obwohl es jetzt nur um sie allein geht, hat es für sie trotzdem mit Amor / Eros zu tun: Die Aufgaben sind von der Liebesgöttin Venus/Aphrodite gestellt, und es geht bei ihrer Lösung um nichts anderes, als den verlorenen Eros wiederzufinden, allerdings auf einer neuen, auf einer reiferen Stufe und nicht mehr nur im unbewussten Dunkel der Nacht.

Im realen Leben wird es an dieser Stelle sehr schwierig. Gerade wenn die Frau in der ersten Phase der Verliebtheit den Eros in der gemeinsamen Sexualität mit ihrem Partner so intensiv erfahren hat, ist eine starke Bindung entstanden. Was sie erfahren hat, möchte sie nicht aufgeben. Sie weiß ja, dass es sein kann und wie schön es sein kann, und dass es mit diesem Mann sein kann. Aber sie fühlt auch: Es kann nicht mehr so wie bisher sein. Es muss sich etwas ändern. Wir müssen uns mehr »von Angesicht zu Angesicht« gegenübertreten. So steht sie in der Gefahr, dass sie damit anfängt, an den Mann hinzujammern, es immer und immer wieder zu versuchen, im Guten, im Bösen, und weil das nichts nützt, verstummt sie dann manchmal, verschließt sich ihrerseits, sucht bei Kindern und anderen Müttern einen Ausgleich ... Aber Eros bleibt verschwunden und verschwindet immer mehr! Der Mann ist zum hoffnungslosen Fall geworden, dem sie dann vielleicht noch dient und den sie manchmal zu erziehen sucht, wie die Schöne ihr Untier, vor dessen körperlicher Nähe sie aber nur noch Angst und Ekel empfindet, weshalb sie ihn dann immer konsequenter meidet.

Wie reagiert dagegen Psyche im Märchen? Sie macht sich auf den Weg – allein. Das heißt: Wenn die Frau klar spürt, dass es ohne »Dolch« und ohne »Licht« nicht mehr weitergeht, und wenn das für den Mann wirklich nichts anderes als Verletzt-Werden, Entzaubert-, Entdeckt-Werden bedeutet und er davor flieht, dann nützt es nichts, ihm hinterherzulaufen. Es ist schmerzlich, ja, aber was angesagt ist, ist eine klare Distanzierung, ein eigener Weg. Diesem eigenen Weg wollen wir jetzt am Beispiel Psyches folgen. In unserer Realität kann dieser Weg, muss aber bei weitem nicht immer auch eine äußere Trennung bedeuten. Es geht in erster Linie um einen inneren Prozess, und ich will es bewusst offen lassen, in welcher äußeren Situation er vollzogen wird.

Die Schilderungen des Märchens werden an dieser Stelle sehr dramatisch. Psyche wird ausgepeitscht, geschlagen, denkt mehrmals an Selbstmord, ist immer wieder am Verzagen. Mythisch vergrößert kommen hier alle Gemütszustände zum Ausdruck, die Frauen in ähnlicher Situation erleben mögen. Aber bei alldem gibt Psyche nicht auf. Weder resigniert sie (»Es ist halt nichts zu machen«), noch verhärtet sie sich (»Die Männer sind eh alle gleich«), sondern sie stellt sich den Aufgaben, die sie nun erfüllen soll. Dabei stellen sich immer Helfer ein, und sie lässt sich helfen. Das ist keine Selbstverständlichkeit. Manchmal machen sich Frauen in dieser Situation einsam, meinen alles alleine lösen zu müssen – und übernehmen sich. Psyche lässt sich helfen: von den Ameisen, vom Schilf, vom Adler und vom Turm. Ich will mich hier nicht auf komplizierte Symboldeutungen einlassen, sondern dem schlicht entnehmen: Sie bekommt Hilfe, und sie nimmt diese Hilfe in Anspruch, und wahrscheinlich ist diese Hilfe gerade deshalb so vielfältig und vielgestaltig, weil sie bereit ist, sie anzunehmen. Psyche sagt also hier heutigen Schicksalsgefährtinnen: Wenn man die Verantwortung nicht abschiebt, wenn man nicht weiter an den Mann hinjammert, wenn man sich entschließt, selbst den eigenen Weg zu gehen, heißt das nicht, dass man sich nicht helfen lassen darf. Man braucht in dieser Situation Hilfe von anderen und es ist gut, sie vielmehr anzunehmen!

Auch bei den vier Aufgaben, die Psyche im Einzelnen zu lösen hat, möchte ich mich nicht auf die zweifellos sehr komplexe und tiefgehende Symbolik einlassen, es würde zu weit führen, und es ist darüber bereits Wesentliches gesagt worden, dem ich hier nichts Weiteres hinzufügen kann und möchte.[3] Psyche muss, ähnlich wie Aschenputtel, zuerst Körner und Keime sortieren, sie muss dann von wilden Schafen (wahrscheinlich sind Widder gemeint) goldene Fellflocken herbeibringen, drittens soll sie von der Quelle des Unterweltflusses Styx Wasser holen und schließlich muss sie selbst in die Unterwelt gehen, um von der Hausherrin Persephone eine Schönheitssalbe für Venus-Aphrodite zu holen.

Wenn man die Symbolik hier – wie gesagt – nicht im Einzelnen betrachtet, sondern lediglich darauf achtet, was es braucht, um die jeweilige Aufgabe zu lösen, zeigt sich folgendes: Zur Lösung der ersten Aufgabe muss Psyche Ordnung im Chaos schaffen. Zur Lösung der zweiten Aufgabe ist entscheidend, dass sie wartet, bis die Sonne untergegangen ist, dass sie sich also Zeit lässt und im richtigen Moment entschlossen handelt. Bei der dritten Aufgabe kommt es darauf an, dass sie dem Wasser, also dem Zerfließenden, durch das Gefäß eine Form gibt. Bei der vierten Aufgabe hat sie einen weiten Weg – in die Unterwelt – zurückzulegen und auf diesem Weg wollen viele mythische Gestalten irgendeinen Dienst von ihr, damit sie sie weitergehen lassen. Hier kommt es darauf an, ihnen Hilfe zu leisten, aber sich trotzdem vom Ziel nicht abbringen zu lassen, also nicht hängen zu bleiben, sondern sich immer wieder zu lösen und entschlossen weiterzugehen.

Bisher stand für Psyche allein die Beziehung im Vordergrund, alles andere war für sie zweitrangig. In dieser Beziehung ist sie aufgegangen, in ihr hat sie sich – symbiotisch verschmelzend – auch irgendwie selbst verloren. Jezt vollzieht sich ein Wandel: Die Beziehung ist ihr zwar weiter sehr wichtig, sie sucht weiter nach Eros, aber es tritt nun anderes in den Vordergrund, was auf den ersten Blick nichts mit Liebe und Beziehung zu tun hat: die Dinge ordnen, im richtigen Moment beherzt zupacken, dem Ungeformten eine Form geben, zwar helfen, aber die eigenen Ziele nicht aus den Augen verlieren, sich lösen und weitergehen ... Vielleicht kommt mancher Leserin an dieser Stelle ganz spontan der Gedanke: Das sind ja alles Dinge, die ich gerne auf meinen Mann abschiebe oder abgeschoben habe ... Dinge, die ich meide, weil sie mir irgendwie unangenehm sind!

Psyches Liebe selbst hat sie über den unbewusst-dunklen Zustand kindlichen Verschmelzens hinausgetrieben. Psyche wollte im hellen Licht erwachsenen Bewusstseins ein Gegenüber haben und damit selbst auch ein Gegenüber sein. Jetzt muss sie, da sie A sagte, auch B sagen. Sie muss die Konsequenzen dieser ihrer inneren Dynamik ziehen: Sie muss ein eigenständiger Mensch werden, ein »vollständiger«, und da gehören diese »männlichen Seiten«, die zur Lösung der Aufgaben nötig sind, eben auch mit dazu. Also muss sie sich da durchbeißen, auch wenn sie dabei immer wieder ganz mutlos wird und sich neu aufraffen muss!

Dabei bleibt Psyche immer in der Suchbewegung nach Eros. Sie wendet sich nicht ab, sie verhärtet sich nicht in sich selbst. Das ist eine große Gefahr, in der Frauen in der entsprechenden Lebenssituation stehen. Sie nehmen zwar ihr Leben beherzt selbst in die Hand, aber sie verlieren oder verdrängen die andere Seite, die hingebungsvolle, die sie mit dem Mann einmal gelebt haben. Die Enttäuschung ist so groß, dass sie das für immer abgeschrieben haben. Sie werden einseitig ordnend, zupackend, gestaltend, sie verlieren sich in den Helfer- und Fürsorge-Aufgaben an ihren Kindern oder in ihren Berufen. Die andere Seite, die auf den Mann bezogene, liebevoll sich hingebende, geht verloren. Männer als mögliche Partner sind aus ihrem Leben verschwunden. Dass es bei Psyche anders ist, zeigt sich vor allem an ihrem »Ungehorsam« bei der vierten Aufgabe: Sie soll die Dose mit der Salbe ewiger Schönheit ungeöffnet zu Venus bringen. Aber sie öffnet die Büchse, um selbst an die Salbe zu kommen ... Das heißt: Sie will bei aller »Emanzipation« die schöne und begehrenswerte Frau für den Mann sein und bleiben, sie sehnt sich nach ihm und macht keinen Hehl daraus.

Das Märchen erzählt nun, dass Psyche beim Öffnen der Büchse – als Strafe der Venus für ihren Ungehorsam – in einen ewigen Schlaf fällt. Das heißt, ewig wäre er, wenn nicht jetzt Amor seinerseits wieder aktiv würde und alle Rücksichten fallen ließe: Ohne Rücksicht auf seine Mutter greift er nun ein. Er eilt herbei und weckt sie auf. Er taucht also aus dem Dunkel auf, und – o Wunder! – mit der Heimlichtuerei macht er jetzt Schluss: Er steht zu Psyche – offen und vor aller Welt, und das heißt in diesem Fall vor seiner Mutter und dem ganzen Götter-Olymp, und er interveniert bei Zeus, dieser möge seine Liaison mit Psyche legalisieren. Dies tut Zeus, indem er Psyche in den Götterstand erhebt, sodass die Hochzeit standesgemäß vollzogen werden kann.

Amor scheint also nach der letzten Liebesnacht doch nicht so spurlos verschwunden zu sein, wie es den Anschein hatte. Sein Frieden mit der Mutter war nicht wieder herzustellen. Schon vor seinem Eingreifen berichtet das Märchen, dass Venus von der Liebesaffäre ihres Sohnes erfährt. Der Krach, den es daraufhin gibt, kann sich sehen lassen. Es ist eine wahrhaft archetypische Strafpredigt von Müttern an ihre Muttersöhne, die sich abzulösen beginnen, die Apuleius sie hier halten lässt. Aber wir hören nichts davon, dass Amor wieder klein beigibt. Er pflegt zwar in einem stillen Kämmerlein seine Wunden, aber dabei scheint er irgendwie mitzubekommen, was sich bei Psyche tut. Er scheint ihren Weg mitzuverfolgen. Und das beeindruckt ihn offensichtlich sehr. Es beeindruckt ihn so, dass er schließlich, als sie in Not gerät, alle Rücksichten fallen lässt, seiner Mutter Strategie durchkreuzt, Psyche aus dem Todesschlaf weckt und dann auch die Kraft aufbringt, sich offen zu ihr zu stellen.

Was könnte darin, psychologisch gesehen, zum Ausdruck kommen? Sicher gibt es Männer, bei denen es dabei bleibt, dass sie die Wunde, die ihnen ihre »Psyche« mit »Dolch« und »Öllampe« zugefügt hat, bis auf weiteres pflegen und nichts dabei lernen; außer dass sie das nächste Dunkel mit einer anderen Frau aufsuchen. Sie bleiben innerlich mutter-gebunden, sodass sie nur »heimlich« (oft in Außenbeziehungen) ihre Liebe leben dürfen – sozusagen weiter im Dunkel der Unbewusstheit. Es gibt aber auch Männer, die die schmerzende Wunde dazu bringt, sich mit sich und ihrem Leben auseinanderzusetzen. Der Wutausbruch der Venus im Märchen deutet an, dass es ohne eine Loslösung von ihrer Muttergebundenheit nicht geht. Freilich muss diese nicht in jedem Fall so mythisch-dramatisch erfolgen, wie es das Märchen darstellt. Es kommt nicht auf die Lautstärke des Krachs an, sondern auf konkrete Schritte der Loslösung, und dazu braucht es zuweilen großen Mut, den manche Männer bis ins hohe Alter nicht aufbringen.

Am Ende unserer Geschichte erwacht Amor / Eros aus dem Dunkel zu neuem Leben. Er eilt herbei, er hilft der tapferen Psyche in ihrer letzten Krise, er steht offen vor allen zu ihr. Dadurch soll wohl zum Ausdruck kommen: Allein kann Psyche es letztlich auch nicht machen. Damit die Liebe auf einer neuen, reiferen Ebene erblühen oder sogar vielleicht wieder erblühen kann, braucht es auch das Erwachen eines »neuen« Eros im Mann, eines neuen Eros, der ihn dazu bringt, als ganzer Mann, mit Geist, Seele und Leib zu seiner Frau zu stehen und dieser Beziehung den zentralen Platz in seinem Leben einzuräumen. Das »Aufwachen« der Frau hat ihn in die Krise gestürzt, die Tatsache, dass sie ihm mit Öllampe und Dolch zu Leibe rückte, hat ihn verletzt und Schmerzen bereitet, aber das ist seine

Chance: die Chance, ebenfalls das Dunkel zu verlassen, die Chance, aufzuhören, der gebundene Junge zu sein, die Chance, der ebenbürtig liebende Partner einer liebenden Frau zu werden. Dieses »Erwachsen-Werden« symbolisiert das Märchen durch die gleichberechtigte Aufnahme des Paares in den Götter-Olymp durch Zeus und durch den Umstand, dass die beiden ein Kind bekommen, das den Namen »Wonne« trägt.

Wenn wir von hier aus noch einmal auf das Märchen von der Schönen und dem Tier zurückschauen, können wir den Unterschied in der Sichtweise von dem, worum es in Paarbeziehungen geht, jetzt nochmals ermessen: Dort muss die Schöne lernen, zu lieben. Diese Liebe ist aber Unterwerfung. Es gibt für sie keine Entwicklung zur Eigenständigkeit, sie muss nur sich und ihre Wünsche vollständig aufgeben. Und der männliche Teil, das Tier, braucht sich auch nicht wirklich zu entwickeln, es muss sich nur zähmen und ein wenig häuslich machen lassen, dann ist alles in Ordnung. Wär das schön! Wär's wirklich so schön? Ich glaube nicht. Der zugegeben mühsame Weg von Amor und Psyche ist es vielmehr, der uns Menschen mit wirklicher Wonne erfüllt, wenn wir bereit sind, ihn zu gehen.

# König Drosselbart

## Wie eine widerspenstige Vatertochter zur liebenden Frau wird

*Worum es in diesem Kapitel geht*

*Was kann eine moderne Frau am König Drosselbart, an diesem Macho pur, heute noch faszinieren? Er ist bei all seinen Macho-Allüren einer, dessen Liebe durch nichts ins Wanken zu bringen ist. Diese unbeirrbare Liebe ermöglicht der Königstochter, ihre inneren Widerstände gegen die Hingabe aufzugeben und zur reifen Frau zu werden – freilich nicht, ohne dass sich Drosselbart dabei selber vom schein-starken Macho zum echt starken Mann wandelt.*

Wir sind im vorausgehenden Kapitel von der noch immer verbreiteten Beziehungsfantasie ausgegangen: Die liebende Frau erlöst den ungehobelten, triebhaften, seine Gefühle nicht unter Kontrolle habenden oder sonstwie »verwilderten« Mann, indem sie ihn durch ihre Liebe erzieht, veredelt, verwandelt ... Eine nicht minder verbreitete Beziehungsfantasie existiert in Bezug auf den Mann: wie er die Frau, die nicht oder noch nicht »so weit ist«, dazu bringt, ihn zu lieben. Es ist die Beziehungsfantasie von »der Widerspenstigen Zähmung«. Bei den Brüdern Grimm findet sie sich im Märchen vom König Drosselbart.

## Nacherzählung des Märchens vom König Drosselbart

*»Ein König hatte eine Tochter, die war über alle Maßen schön, aber dabei so stolz und übermütig, dass ihr kein Freier gut genug war.« Nachdem sie alle Freier abgewiesen und verspottet hatte, wurde der König zornig und gab sie dem erstbesten Spielmann, der an das Schlosstor klopfte, zur Frau. In ihrem Elend wünschte sich die Prinzessin jetzt den König zurück, der um sie geworben und den sie wegen seines krummen Kinnes »Drosselbart« genannt hatte. »Ach, hätt' ich genommen den König Drosselbart!« Aber es half ihr nichts und sie musste das Schloss verlassen und mit dem Bettler ziehen. Sehr bald stellte sich heraus, dass die Prinzessin mit ihren feinen Händen zu keiner gewinnbringenden Arbeit fähig war. Sie konnte weder Körbe flechten noch spinnen, und als sie schließlich auf dem Markt Töpfe und Geschirr verkaufen sollte, kam ein Husar und zerschlug*

*im Vorbeireiten die irdene Ware. Nun blieb nur noch die Arbeit als Küchenmagd im Schloss – ohne Lohn, aber gegen freies Essen. Dieses Essen sammelte sie unter ihrem Rock und trug es abends nach Hause. Als ein großes Fest anlässlich der Hochzeit des Königssohnes gefeiert wurde, schlich sich die arme Prinzessin an die Saaltür, und angesichts der königlichen Pracht verwünschte sie ihren Hochmut, der sie in ihr Unglück gestürzt hatte. Da trat der Königssohn zu ihr und forderte sie zum Tanz auf. Sie erschrak und wollte sich losmachen, dabei zerriss das Band unter ihrem Rock und die Töpfchen mit den gesammelten Speisen purzelten zur Erheiterung der hohen Gäste über den Tanzboden. Beschämt eilte die Prinzessin hinaus, doch ihr Tanzpartner holte sie mit freundlichen Worten zurück. Es war der Königssohn, der sich nun als König Drosselbart, aber auch als Spielmann, Bettler und Husar zu erkennen gab. Weinend bekannte sie, ihm Unrecht getan zu haben. Er aber tröstete sie: »Die bösen Tage sind vorüber, jetzt wollen wir unsere Hochzeit feiern.«*

## Eine schreckliche Macho-Geschichte

Kein Zweifel, auf den ersten Blick ist diese Geschichte eine schreckliche Macho-Geschichte und weiter nichts. Die Frau ist die Zickige und Hochmütige. Die Männer vertreten demgegenüber, was sich gehört, die Ordnung, die Moral und das Recht. Die Botschaft des Märchens lautet, jedenfalls auf den ersten Blick: Der Widerstand der Frau, so sie widerständig ist und nicht, wie es die Ordnung der Dinge verlangt, willfährig und angepasst, dieser Widerstand muss durch den Mann gebrochen werden. Im Märchen geschieht dies erstens moralisch durch den König-Vater, der bestimmt, was für sie Recht und Unrecht ist, und zweitens physisch durch Drosselbart, der sie gegen ihren Willen einfach nimmt, zur Arbeit – und wohl auch zur Sexualität – zwingt, sie zur Küchenmagd erniedrigt und sie noch am Schluss im Schloss, da sie nach dem Tanz vor ihm fliehen will, mit Gewalt zurückholt, bis sie sich endgültig unterwirft.

Dieses Motiv von der Widerspenstigen Zähmung taucht in Märchen, Literatur und darstellender Kunst immer wieder auf: zum Beipiel in Shakespeares berühmter gleichnamiger Komödie. Es spiegelt direkt, nicht sozusagen spiegelverkehrt wie das Märchen von der »Schönen und dem Tier«, die patriarchale Geschlechter-Ordnung einer vergangenen Zeit wider, scheint aber genauso wenig überholt zu sein wie das Motiv der durch ihre selbstlose Hingabe den Mann veredelnden Frau. Denn das Märchen vom Drosselbart ist immer noch sehr populär, Shakespeares Stück taucht nach wie vor häufig auf den Spielplänen der Theater auf, es wurde verfilmt, erscheint in der Ballett-Inszenierung von John Cranko mit dem berühmten Stuttgarter Ballett immer noch auf den Spielplänen, und sogar als Musical unter dem Namen »Kiss me Kate« von Cole Porter begegnen wir ihm in den Theatern. Die Widerspenstige, die gezähmt wird, gezähmt werden muss, um auf angemessene Weise eine Liebende zu werden, dieses Thema scheint die Menschen – und zwar Männer und Frauen – nach wie vor zu faszinieren. Woran liegt das?

Spricht diese Geschichte bei den Männern nach wie vor ein tief sitzendes Dominanzbedürfnis an und bei den Frauen ein ebenso tief sitzendes Bedürfnis nach Unterwerfung? Oder spricht sie gar heimliche sadomasochistische Bedürfnisse an, die bei Männern (sado-) und bei Frauen (maso-) vorhanden sind und nach Befriedigung drängen? Es mag so sein. Aber es könnte auch sein, dass dieses Märchen ebenfalls eine »tiefere Schicht« hat, die zwar patriarchal verzerrt ist, aber dennoch eine bleibend gültige Botschaft auch für unsere Welt der Gleichwertigkeit der Geschlechter enthält. Ich will hier den Versuch machen, eine solche Botschaft herauszulesen. Dabei bin ich unsicher, ob und wie überzeugend mir das gelingen wird und ob sich nicht am Ende herausstellt, dass das Märchen doch nichts anderes ist als eine schreckliche Machogeschichte, deren Aussage wir heute nur als abschreckendes Beispiel nehmen können und zur Erforschung der patriarchalen Reste, die sich noch in unseren Seelen verstecken – was ja schließlich auch schon etwas wert wäre.

## Eine tragische Vater-Tocher-Geschichte

Wenn wir einmal von allen patriarchalen Auswüchsen der Geschichte absehen, davon, dass Drosselbart die Königstochter zwingt, gegen ihren Willen mitzukommen, eine armselige Hütte zu beziehen, zu kochen, zu putzen, Töpfe zu verkaufen – und das alles in einer überheblich erzieherischen Attitüde, wenn wir auch davon absehen, wie er sie noch ganz am Schluss, wenn sie fliehen will, zurückholen lässt und sie dem Spott der Höflinge preisgibt, wenn wir von dem allen absehen, was ist das für eine Paarbeziehung zwischen den beiden? Auf jeden Fall eine, in der ein starkes Gefälle zwischen ihr und dem Mann besteht. Er dominiert, sie passt sich an. Es ist ein Gefälle wie zwischen Vater und Tochter. Solche Beziehungen gibt es natürlich auch heute, und nicht unbedingt nur da, wo ein großer Altersunterschied zwischen Mann und Frau besteht. Die ganze Verantwortung liegt beim Mann, er bestimmt oder »muss« auch bestimmen, »weil« sie sich anpasst und höchstens sich sträubt oder klagt. Oder aber umgekehrt: Sie passt sich – widerstrebend oder klagend – an oder »muss« sich auch anpassen, »weil« er zwanghaft immer alles bestimmt und die ganze Verantwortung für sich beansprucht. Wir sprechen in der Fachsprache von einer »asymmetrischen Beziehung«, die in einem »Oben – Unten« erstarrt ist.

Das Märchen zeigt uns am Anfang psychologisch sehr genau, was für eine Geschichte hinter einer solchen »asymmetrischen Beziehung« steht, jedenfalls bei der Frau. Unmittelbar deutlich ist, dass das eine tragische Vater-Tochter-Geschichte ist. Insofern ist das Märchen in jedem Fall auch für unsere Paarbeziehungen interessant, denn solche Geschichten gibt es auch heute, und sie beeinflussen die Paarbeziehungen. Was ist das Tragische an dieser Geschichte? Das Märchen schildert eine offensichtliche Fehlentwicklung in der Beziehung zwischen Vater und Tochter, eine Fehlentwicklung, die der Tochter allerdings als alleinige Schuld in die Schuhe geschoben wird, während er, der Vater, dabei der moralisch Unantastbare bleibt.

Die Prinzessin findet an allen Freiern etwas auszusetzen und spottet über sie. Wenn wir versuchen, dem nachzufühlen, müssen wir sagen: Sie verhält sich wie ein Kind, obwohl sie als eine »über die Maßen schöne Frau« geschildert wird. Sie weiß noch nicht, worum es geht. Sie ist schlicht noch nicht reif dafür, eine Beziehung einzugehen. Sie ist noch viel zu jung, zu jung jedenfalls im psychischen Sinn, um die Frau eines Mannes zu werden, auch wenn sie dem physischen Alter nach schon so weit sein sollte.

Das wird auch daran deutlich, dass der Vater im ganzen Prozess der absolut Bestimmende ist und bleibt, und je mehr er versucht, die Tochter zum Erwachsensein zu zwingen, desto mehr hält er sie in der Kind-Position fest. Als dieses Kind muss sie an jedem Freier etwas auszusetzen haben, denn so bleibt sie die Tochter ihres Vaters und muss ihn nicht verlassen. So ist es häufig in unabgelösten Vater-Tochter-Beziehungen. Sie sind als solche oft nicht auf den ersten Blick zu erkennen, denn die Tochter liefert sich mit dem Vater – anders als im Märchen, wo sie es nur indirekt in der Ablehnung der Freier tut – ein Scharmützel nach dem anderen, widerspricht ihm bei jeder Gelegenheit und fordert seinen Zorn heraus, wo es nur geht. In diesem »Gegen« bleibt sie aber wie unsere Prinzessin seiner Macht genauso ausgeliefert wie wenn sie noch die angepasste Kleine wäre, die für den Vater nur lieb ist.

Wie so oft in unseren Märchen, fällt auch hier auf, dass bei dieser Prinzessin von keiner Mutter die Rede ist, was immer die Gründe dafür sind. Auf jeden Fall fehlt sie als Gegengewicht zu den starren Direktiven des Königs. Sie fehlt vor allem als Bezugsperson für die Tochter, bei der diese Halt und Geborgenheit finden könnte. Etwas ist hier aus der Balance geraten. Die Tochter ist zu stark nur auf den Vater bezogen und er auf sie. Will der König sie auch deshalb unbedingt an den Mann bringen, weil ihm ihre erblühte Schönheit »zu gefährlich« wird? Es würde ins Bild passen, und so ist die Tochter nicht frei, ins Erwachsenenleben hineinzugehen, auch wenn der Vater sie äußerlich scheinbar unbedingt loshaben will.

Eine derartige Konstellation findet man auch heute noch oft als Hintergrund von Frauen in problematischen Paarbeziehungen: In ihrer Herkunftsfamilie war die Mutter als Frau nicht wirklich vorhanden. Zwischen dem Elternpaar gab es keine erotische Beziehung, keine erwachsene Bindung, häufig aber verdeckte und nicht konstruktiv ausgetragene Konflikte.

Die sensible kleine Tochter spürte dies intuitiv, versuchte besonders lieb und strahlend zu sein und geriet dabei zum Vater in eine Quasi-Partnerinnen- oder Geliebten-Rolle. Einerseits wurde sie dadurch zu früh erwachsen – als liebevolle Vertraute des Vaters, bei der er sein Herz ausschütten konnte. Andererseits aber durfte sie wieder nicht zu erwachsen werden, weil sie dann für ihn zu gefährlich geworden oder aber ihr eigenes Leben gewählt hätte und von ihm weggegangen wäre.

Aus solchen »Vater-Töchtern« werden, wenn sie erwachsen sind, einerseits oft attraktive, anziehende Frauen, die auch beruflich kompetent und sehr erfolgreich sind[4], aber in ihrer Seele so hilflos und seelisch lebensuntüchtig bleiben wie die Prinzessin. Sie haben nicht gelernt, für sich selbst jemand zu sein. Die übermäßige innere Bezogenheit auf den Vater führt dazu, dass ihr kein Mann wirklich recht ist, dass sie an jedem etwas auszusetzen hat, damit sie dem Vater als Tochter treu bleiben kann. Oder aber, und diesen Fall schildert im weiteren Verlauf auch das Märchen, wenn sie sich dann doch für einen Mann entscheidet, kann es sein, dass dieser quasi die Stelle des Vaters einnimmt, weil sie auf ihn genauso »übermäßig bezogen« ist und sich selbst verliert, wie es beim Vater der Fall war. Diese Frauen wissen nicht und haben kein Gefühl dafür, wer sie selber sind und was sie für sich selber brauchen. So ergeht es ihnen wie der Prinzessin im Märchen: Obwohl sie in vieler Hinsicht »etwas Besonderes« sind in ihrer herausgehobenen Stellung, fühlen sie sich seelisch wie die Bettlersfrau oder die Küchenmagd, zu der die Königstochter im Märchen degradiert wird.

Dabei ist wichtig zu bedenken, dass diese Konstellation keineswegs nur entsteht, wenn Väter ein Zuviel an Beziehung zu ihren Töchtern herstellen, wenn sie sie verwöhnen und unangemessen hofieren. Auch bei

Töchtern »abwesender« Väter können sich ganz ähnliche Muster heraubilden. Bei ihnen wird der Vater zum Bezugspunkt einer ungestillten Sehnsucht, die sie ganz ähnlich von sich selber wegführt hin auf ein Übermaß an Bezogenheit aufs Väterlich-Männliche, vor allem wenn es der Tochter nicht gelungen ist, zur Mutter eine tragfähige Beziehung zu etablieren. In ihrer Fantasie sehnt sie sich dann nach dem Idealbild des abwesenden Vaters.

Das Märchen vom König Drosselbart ist also insofern durchaus aktuell, als es die Schwierigkeiten einer solchen vatergebundenen Tochter in ihrer Entwicklung zur liebesfähigen Frau darstellt und hilft, die psychologischen Zusammenhänge zu verstehen. Realistisch in der Darstellung des Märchens ist auch, dass die Probleme meist erst dann deutlich werden, wenn die Frau trotz aller Widerstände schließlich doch einen Mann gefunden hat und mit diesem aus dem Haus gegangen ist. Denn dann beginnt für die Vatertochter ein mühseliger und schmerzvoller Weg.

## Eine mühselige Paargeschichte

Wir richten nun den Blick auf die Partnerwahl selbst. Auch hier geht es im Märchen zu wie im wirklichen Leben. Obwohl die junge Frau aufmüpfig ist und ihr keiner gut genug sein kann, bestimmt der Vater die Partnerwahl. So ist es häufig auch in den Fällen, in denen äußerlich gerade das Gegenteil zu geschehen scheint, weil sich die Tochter rebellisch den Wünschen des Vaters widersetzt. Seelisch, aus dem Unbewussten heraus ist es trotzdem so: Der Vater bestimmt die Partnerwahl. Denn sie gerät an einen, der, obwohl äußerlich denkbar verschieden, innerlich dem Vater gleicht wie ein Ei dem anderen. Das zeigt sich darin, dass er sich ihr gegenüber genauso verhält wie der König: Ohne auf sie zu hören, sagt er, wo es langgeht, nimmt sie einfach mit und bestimmt alles. Vielleicht ist das im Märchen auch symbolisch dargestellt: Das übermäßig ausgebildete Kinn des Drosselbarts könnte ein phallisches Symbol sein, in dem seine übertriebene Fixierung auf männliche Dominanz zum Ausdruck kommt, die von der Frau Unterordnung fordert.

Freilich: Was er sonst noch zeigt, ist allerdings gar nicht so männlich und imponierend. Als Spielmann und Bettler erweist er sich nämlich wenig lebenstüchtig. Er trägt selber nichts zum Lebensunterhalt bei und lässt die Frau für sich arbeiten. Dabei schlägt er zwar einen väterlich-erzieherischen Ton an, aber dem wird er überhaupt nicht gerecht, da er – wie sich zeigt – ohne Planung von der Hand in den Mund lebt: »Nun lebten sie von dem Erworbenen, solange es reichte«, sagt das Märchen. Schließlich schiebt er ihr noch die Schuld in die Schuhe, als ihre Verkaufsbemühungen nicht klappen und die Töpfe auf dem Markt zu Bruch gehen: »Wer setzt sich auch mit Geschirr an die Ecke des Marktes«, klagt er sie an.

Wir müssen uns fragen, als was der König Drosselbart sich hier eigentlich zeigt: Äußerlich ist er erwachsen, ist er ein König. Aber innerlich scheint auch er noch Entwicklungsbedarf zu haben. Wir erfahren über seine Vorgeschichte nichts, aber so, wie er sich verhält, steht fest: Auch der König Drosselbart muss noch ein Stück Weg zurücklegen, bevor er fähig wird, ein Mann für die Königstochter zu sein. Das widerspricht nicht seiner »väterlichen Position« in der Beziehung. Bei einer »Oben-Unten-Beziehung« ist es in der Regel so: Nicht nur der »unten« muss noch erwachsen werden. Das »Oben« in solchen Beziehungen ist oft eine Kompensation des drohenden »Unten«. So sicher fühlt sich der »Obere« in seiner Position gar nicht. Er braucht eine/n, die/der sich unter ihn stellt, sich ihm unterwirft, damit er sich »oben« fühlen kann. Dem widerspricht nicht, dass der Bestimmende in solchen Beziehung durchaus auch seine wirklich starken Seiten haben kann, wie sich bei Drosselbart (vielleicht) noch herausstellen wird. Aber die sind oft noch unsicher und wackelig und brauchen immer wieder die Bestätigung, die der Betreffende manchmal etwas zwanghaft im Immer- bestimmen-Müssen sucht.

Auch was die Partnerwahl der Königstochter angeht, bringt das Märchen also etwas zum Ausdruck, was psychologisch sehr zutreffend und in der Dynamik von Paarbildungen häufig zu beobachten ist: Vatertöchter »geraten« oft an Männer, die sich väterlich dominant (oder manchmal auch väterlich-fürsorglich) verhalten, die aber innerlich häufig durchaus auch noch Reifungsbedarf haben. Das ist sozusagen die »Bettlerseite«, die auch noch zu Drosselbart gehört, auch wenn er sich sonst wie ein König gibt.

Das hat zur Folge, dass dann, wenn die beiden sich zusammengetan haben, der äußere Glanz – so wie im Märchen – ganz schnell verschwindet und beide ihre seelische Armut und Mittellosigkeit erfahren wie Drosselbart und Prinzessin als Bettlerpaar, und einer von beiden, und zwar so wie im Märchen meist die Frau, dieses Elend auch sehr bald spürt, zu klagen anfängt und immer wieder klagen muss: »Ich arme Jungfer zart, ach hätt ich genommen den König Drosselbart!« – Was in dieser Sichtweise zu übersetzen wäre in »Ich hab geglaubt, ich hätt einen König, und jetzt stellt er sich als Bettelmann heraus!«

So wie die allermeisten Märchen bleibt auch dieses nicht beim Elend stehen. Märchen schildern immer

Entwicklungswege aus diesem Elend heraus. So auch hier. Das Märchen sagt: So ist es zwar, aber diese Probleme sind notwendiger Anstoß und notwendige Herausforderung zur Entwicklung, die zur persönlichen Reife und zur erwachsenen Liebesfähigkeit führt. Wie sieht nun diese Entwicklung in der Sicht dieses Märchens aus?

Wir spüren, wie problematisch die Darstellung hier wird. So wie in der »Schönen und das Tier« die Frau den ungehobelten Mann erzieht, und zwar hier mit Liebe und Hingabe, so erzieht im »Drosselbart« der Mann die Frau, allerdings »männlich«, nämlich durch Macht und Gewaltanwendung. Er zwingt sie, zu arbeiten, Töpfe zu verkaufen, eine Küchenmagd zu werden, und er gibt sie dem Spott der Höflinge preis, als sie im Tanzsaal die heimlich gesammelten Speisen verliert und auf dem Boden verstreut. So bricht er ihren Stolz, bricht ihren Widerstand, macht sie sich gefügig.

Ich meine aber, neben dieser Macho-Ideologie, die das Märchen zweifellos beinhaltet, noch etwas anderes zu bemerken, was Paare, die sich in einer ähnlichen Konstellation finden, in der Tiefe berühren und unterstützen könnte. Mir ist das deutlich geworden an der Art, wie eine Frau auf das Märchen reagierte, die bei mir vor etlichen Jahren an einem Seminar teilnahm, bei dem wir mit den Lieblingsmärchen der Teilnehmerinnen und Teilnehmer therapeutisch arbeiteten. Sie war von dieser Geschichte tief berührt. Das wunderte mich, denn ich hatte eher weibliche Rebellion dagegen erwartet. Aber sie sagte: »Wie der Drosselbart sich um diese Frau bemüht! Er gibt nicht auf. Immer wieder versucht er, sie zu gewinnen. In alle möglichen Gestalten verwandelt er sich, in den Spielmann, den Bettler, den Husaren – nur um endlich einen Zugang zu ihr zu finden. Kein Wunder, wenn er sich so bemüht und alles einsetzt, dass sie ihren Widerstand aufgeben und ihn lieben kann!«

Diese Reaktion gab mir den Schlüssel zu einem neuen Verständnis. Könnte es sein, dass es alle die unreifen, vielleicht neurotischen Anteile bei Drosselbart zwar gibt, aber dass das doch nur die eine Seite ist? Und dass es »darunter« auch noch eine andere Seite gibt, eine starke, tiefe Liebeskraft? Etwas also, das die Königstochter tatsächlich dringend braucht, um sich aus ihrer kindlichen »Zickigkeit« zu lösen? »Da zerriss das Band« heißt es im Märchen ganz am Schluss: Damit ist das Band an den Töpfen gemeint, in denen die Prinzessin als Küchenmagd das Essen aufbewahrt. Aber es wirkt auch wie eine symbolische Aussage: Weil der König Drosselbart so »drangeblieben« ist, darum zerreißt das Band, durch das ihre Liebe gebunden war.

Was könnten Anzeichen im Märchen dafür sein, dass Drosselbart doch nicht nur ein Macho ist, der dominieren will, sondern ein Liebender, dessen Liebeskraft der Königstochter hilft, die Liebe zu erwidern? Betrachten wir den König Drosselbart nochmals mit den Augen meiner Seminarteilnehmerin.

Zunächst einmal: Er ist einer, der nicht aufgibt. Mit unerschütterlicher Ausdauer wirbt er – sicherlich manchmal auf seltsame Weise – um sie und lässt sich nicht abwimmeln. Abweisung und Spott der Königstochter machen ihn nicht irre, bringen ihn nicht draus. Ihre Abwertung bewirkt nicht seinen resignierten Rückzug. Das heißt aber: In ihm steckt ein Stück echtes, starkes Selbstwertgefühl, sonst könnte er nicht so zu sich stehen, könnte sich seiner Liebe und seiner Zuneigung zur Königstochter nicht so sicher bleiben. Und zweitens: Drosselbart zeigt sich in einem erstaunlichen Maße wandlungsfähig. Er wird zum Spielmann, wird zum Bettler, zum Husaren – und das alles, könnte man in der Erlebensweise meiner Seminarteilnehmerin sagen, um einen Zugang zu ihr zu finden.

Zum ersten Mal lässt König Drosselbart also hier auch progressive Männer, die den Machismo ablehnen, aufhorchen: Als erstes könnte er – so gesehen – die Frage hervorrufen: »Stehe ich so eindeutig zu meinen Gefühlen? Traue ich mir zu, meine Liebe zu einer Frau mit dieser Eindeutigkeit und mit diesem Selbstbewusstsein zu vertreten? Oder macht mich das erste Anzeichen von Widerstand und Gleichgültigkeit bereits irre?« Gerade offenen, sensiblen Männern mangelt es manchmal an dem Mut und dem Selbstbewusstsein, zu sich und den eigenen Gefühlen zu stehen. Sie stellen sich oft gleich selber in Frage, wenn die Frau nicht wie erhofft reagiert. Ein Schuss von Drosselbarts unumstößlicher Eindeutigkeit könnte ihnen gut tun.

Eine zweite Frage, die Drosselbart hier anregen könnte, lautet: »Bin ich bereit, so viel für meine Liebe einzusetzen? Nehme ich die Mühe auf mich, auch mal die Rolle zu wechseln, den ›Arbeitsmann‹ beispielsweise abzulegen, etwas Ungewohntes zu tun, die ›Pflicht‹ mal loszulassen und ein Abenteuer zu riskieren – um der Liebe willen?« Der Drosselbart im Märchen ist bereit, sehr viel für seine Liebe einzusetzen. Ich erlebe bei Männern häufig, dass zwar ihre Gefühle durchaus echt und tief sind, dass sie aber mit der Zeit die Notwendigkeit aus den Augen verlieren, diese im konkreten Tun nach außen zu bringen, damit die Liebe, die sie in sich tragen, zur Partnerin »hinüberkommt«. Das geht nicht von selbst. Man muss sich dazu entscheiden, bewusst dafür etwas zu tun, zum Beispiel ein Wochenende zu zweit planen, ein kleines Geschenk von der Reise mitbringen, ein Thema von sich aus ansprechen ... Was investiere ich wirklich in die Beziehung? – diese Frage stellt König Drosselbart an viele Männer.

Noch eine dritte Frage können wir hier ausmachen. Viele Frauen klagen: »Er ist so unbeweglich, so starr. Er ist nicht bereit, aus seinem gewohnten Schema auszusteigen. Er lässt sich auf nichts Ungeplantes ein, nicht mal einen Tanzkurs macht er mit, und wenn ich mal Gefühle zeige, erstarrt er ...« – Zwischen Männern und Frauen scheint es in Liebesdingen der Tendenz nach einen wesentlichen Unterschied zu geben, dessen Ursprünge ich hier nicht weiter erforschen möchte. Frauen haben die Tendenz, in der Liebe zum Mann sich selbst aufzugeben und »ihm zu folgen«. Um seinetwillen und um der Kinder willen nehmen sie beispielsweise alle drei Jahre einen Umzug in Kauf, geben jedes Mal ihr soziales Umfeld auf, opfern eine eigene Berufsbiografie, verzichten auf Karriere und so weiter. Manchmal muten sie sich um der Liebe willen dabei zu viel Flexibilität zu und verlieren sich dabei selbst. Männer dagegen neigen dazu, zwar in der Beziehung die Führung zu übernehmen, ähnlich wie Drosselbart es tut, aber darin werden sie dann starr und unflexibel bis in Kleinigkeiten des täglichen Ablaufs hinein. Und dann droht die Gefahr, den andern, die Partnerin, zu verlieren. Vielleicht kann König Drosselbart, der sich in Bettler, Spielmann und Husar verwandelt, die Männer lehren: Eine starke Führung kann sehr hilfreich sein. Aber sie muss von der Liebe beseelt bleiben, dann wird sie flexibel sein und flexibel machen, weil sie auf das eingeht, was die Partnerin braucht.

## Ein gutes Ende?

So gesehen könnten wir das Märchen also auch folgendermaßen deuten: Was die »Widerspenstige« wirklich »zähmt«, was den Widerstand der Königstochter wirklich bricht, was ihr Liebe und Hingabe ermöglicht, sind nicht überhebliche männliche Machtausübung und Erziehungsmaßnahmen. Es ist vielmehr eine starke männliche Liebe, die Drosselbart für sie empfindet und die er ihr unverdrossen zeigt und für die ihm nichts zu mühsam ist, die ihn flexibel, einfallsreich und kreativ werden lässt, bis er sie überzeugt hat. Bei aller Unreife, die wir bei Drosselbart auch noch vermuten müssen: Diese Liebe hat die Königstochter in Drosselbart geweckt, und dieser Liebe hat Drosselbart Raum gegeben, auf sie hat er sich eingelassen, und diese Liebe ist es, die beiden hilft, ihre Unreife, ihre Gebundenheit schließlich zu überwinden.

Abgesehen von der Frage, ob wir Drosselbart so nicht gar zu positiv sehen, bleiben alledings hier noch zwei andere Fragen. Die erste: Wie spürt eine Frau, dass die Liebe des Mannes wirklich so echt und tief ist? Wann ist das Handeln des Drosselbart-Mannes tatsächlich Ausdruck einer solchen Liebe und wann ist es penetrantes Erzwingen-Wollen und Nicht-loslassen-Können? Dann wäre es nämlich gerade ein Zeichen, dass er »liebt« mit der Liebe eines Muttersohns, der so zwingend ist, weil er Anspruch auf die mütterliche Zuneigung der Frau erhebt und deshalb alles tut, um sie sich zu sichern. Dann wären wir wieder geradewegs beim »Machismo« gelandet.

Und wann ist – zweite Frage – das Nachgeben der Frau eine echte Überwindung ihres Widerstands gegen die Hingabe und nicht Kapitulation vor dem Drängen des anderen – aus eigener Unsicherheit oder aus vermeintlicher moralischer Verpflichtung? Vatertöchter achten ja, wie gesagt, oft zu wenig auf sich und ihre wahren Gefühle und unterwerfen sich, weil sie meinen, es dem Vater beziehungsweise dem Mann recht machen zu müssen, und zwar auch gegen das eigene Gefühl.

Das Märchen gibt für die Beantwortung beider Fragen leider keine Hinweise, und wir sind dafür auf unsere eigene Wahrnehmung und unser Gefühl verwiesen. Wir werden es spüren, wenn uns eine solche Liebe begegnet, oder wir werden es im Laufe der Zeit durch – freilich nicht schmerzfreie – Erfahrung lernen, das eine vom andern zu unterscheiden. Auf jeden Fall bin ich überzeugt, dass sich die Liebe zwischen Mann und Frau trotz aller »neurotischen« Anteile und Gebundenheiten, die in der oben geschilderten Weise auch noch da sind, in einer Tiefe ereignen kann, die die Kraft hat, diese Gebundenheiten zu überwinden. Vielleicht braucht es dazu Hilfe durch Therapie und Beratung, aber diese Hilfe kann nur entbinden helfen, was da ist, sie kann die Liebe nicht »erzeugen«.

Es gibt also für den Ausgang des Märchens zwei Deutungsmöglichkeiten:

Die eine ist: König Drosselbart setzt mit Penetranz und rücksichtslosem Machtgebrauch seinen Willen durch. Er bricht den Widerstand der Frau, und sie unterwirft sich endgültig seinem Druck. So verstanden könnte das Märchen für uns höchstens als abschreckende Parabel dienen: So war es früher oft zwischen Männern und Frauen. So passiert es – versteckter und mehr auf der psychischen Ebene – heute immer noch und nicht zu selten. Paare, die sich seelisch erleben wie Küchenmagd und Bettler, könnten dann das Märchen als Spiegel nutzen, in den der Mann schaut und sich fragt: Ist mein Wollen wirklich Liebe oder Erzwingen von etwas, das nur freiwillig gegeben werden kann? Und kommt dieses Erzwingen-Wollen nicht aus der Hilflosigkeit und Bedürftigkeit des kleinen Jungen in mir, der in der Frau die Liebe der Mutter unter Kontrolle bringen will?

Und ebenso könnte in diesen Spiegel die Frau schauen und sich fragen: Warum mache ich diesen Zwang mit? Aus welcher inneren Unsicherheit unterwerfe ich mich? Aus welcher inneren Rücksichtnahme lasse ich mir das gefallen? Und warum mache ich nicht Schluss mit dieser Entwürdigung?

So könnte auch die Deutung des Märchens als »Macho-Geschichte und sonst nichts« ihren nützlichen Effekt haben. Aber wenn wir uns für die andere, sicher »schönere« Deutungsmöglichkeit entscheiden, dann erscheint uns auch das Ende des Märchens in einem anderen Licht: nicht als Unterwerfung, sondern als Befreiung der Liebe. Im Kern war sie beim König Drosselbart von Anfang an da und sie war echt und tief. Diese Liebe hat ihn vorangetrieben und ließ ihn sich in alle möglichen Gestalten verwandeln. So befreit sie sich gleichsam selbst zu ihrer Reife.

Wenn Drosselbart nun – gegen Ende der Geschichte – die Königstochter zum Tanz auffordert, könnte das seine Abkehr von Erziehungs- und Zähmungs-Maßnahmen bedeuten. Er zeigt sich jetzt einfach als Liebender und wirbt um sie. Und in der frühesten schriftlichen Fassung des Märchens – in der sogenannten Ölenberger Handschrift, die zufällig erhalten blieb – bittet er sie sogar um Verzeihung für das, was vorher war! So – nicht durch Zwang und Unterwerfung – wird er stärker als der König-Vater, das macht seine Kraft aus, und die ermöglicht der Königstochter, ihre Bindung zum Vater zu lösen und sich auf ihn einzulassen.

Von hier aus gesehen könnten wir sogar den »Zähmungsmaßnahmen«, jedenfalls in dem, was sie bewirken sollen, noch einen Sinn abgewinnen. Um zur Liebe zu kommen, muss die Prinzessin lernen, ihre Überheblichkeit, ihr zickiges Wesen aufzugeben. Wobei deutlich ist: Der Stolz und der Spott am Anfang waren ihre Abwehr. Mit ihnen hat sie sich zu schützen und zu bewahren versucht. Und wenn sie lernt, Töpfe zu verkaufen, für Haus und Wohnung zu sorgen und als Küchenmagd Essen zuzubereiten, dann könnten wir das auch als Ausdruck dafür nehmen, dass die Königstochter die Welt des unwirklichen Glanzes, hinter dem sie sich verschanzt hat, verlässt, lebenstüchtig wird und so in die reale Welt findet und somit eine »ganz gewöhnliche«, aber »wirkliche« Frau wird.

Dabei hat sie, wie das Märchen erzählt, mit Schuldgefühlen und Scham zu kämpfen. Mit Schuldgefühlen (»Hätt ich doch...«), weil sie damit aus der alten Prinzessinnenrolle für den Vater aussteigt, und mit Scham (als Küchenmagd vor der Hofgesellschaft), weil sie sich nun ohne Schmuck und Schminke sozusagen zeigt als die, die sie ist. Mit Mut und Konsequenz geht sie durch alle diese schlimmen Gefühle hindurch, und so wird sie auch innerlich das, was sie äußerlich bereits ist: eine erwachsene Frau, die fähig und bereit geworden ist, sich auf die Liebe einzulassen.

Damit ist aber nun die asymmetrische »Oben-unten-Beziehung« vom Anfang endgültig aufgehoben zugunsten einer ebenbürtigen. Als König und Königin stehen sie sich nun gleichwertig gegenüber. Denn wenn die Liebe zwischen Mann und Frau zum Tragen kommt, gibt es keine Über- oder Unterordnung mehr. Darum schließt das Märchen treffend mit dem Satz: »Und die rechte Freude fing jetzt erst an.«

# Die Nixe im Teich

## Wie man(n) die Angst vor weiblicher Nähe überwindet und sie genießen lernt

*Worum es in diesem Kapitel geht*

*Frauen wissen von der Angst ihrer Männer vor Nähe viele traurige Lieder zu singen. Eine uralte Beziehungsfantasie: Der Mann, der von der Frau verführt und »in die Tiefe gezogen wird«. Und genau so alt die gegenteilige Fantasie: Der Mann, der mit der geliebten Frau in Leidenschaft und Hingabe verschmilzt und das Paradies auf Erden erlebt. Was haben diese beiden – die Wunsch-Fantasie und die Angst-Fantasie – miteinander zu tun? Wie kann das »zwei-deutige« Hin- und Herschwanken vieler Männer zwischen beiden Polen überwunden werden – zugunsten einer »ein-deutigen« Liebe?*

Eine Beziehungsfantasie, die in unseren Märchen und Mythen ebenfalls immer wieder auftaucht, ist die von der verführerischen Nixe und dem Mann, der ihrer Verführung nicht widerstehen kann und von ihr in die Tiefe und damit in sein Verderben gezogen wird. Meist steht dieser bösen, verlockenden Nixe eine brave Gefährtin und Ehefrau gegenüber. Der Mann steht zwischen den beiden Frauen. Bei den Brüdern Grimm gewinnt die gute Frau den Kampf gegen die böse, allerdings erst nach schier übermenschlichen Anstrengungen. Die Geschichte in der Fassung der Brüder Grimm hat den folgenden Verlauf:

Frauenbild

## Nacherzählung des Märchens »Die Nixe im Teich«

*Es lebte ein junger Jäger, Sohn eines Müllers, zusammen mit seiner Frau glücklich in einem kleinen Häuschen. Der Vater des Jägers war um die Zeit seiner Geburt in wirtschaftliche Not geraten und hatte für die Hilfe einer Nixe ihr »was eben in seinem Hause jung geworden ist« versprochen, ohne zu ahnen, dass sein einziger Sohn damit gemeint war. Das Unglück ereilte den Herangewachsenen, als er sich nach dem Ausweiden eines Rehes die Hände im Weiher wusch. Die Nixe stieg empor, umschlang ihn lachend mit ihren nassen Armen und zog ihn hinab. Als er abends nicht nach Hause kam, machte sich die Frau des Jägers in böser Vorahnung auf die Suche nach ihm. Sie fand seine Jägertasche am Weiherufer und umkreiste mehrmals weinend und wehklagend den Teich. Als sie vor Müdigkeit einschlief, träumte sie von einer alten Frau, die ihr weiter-*

*helfen würde. Am nächsten Tag fand sie die Alte tatsächlich. Diese gab ihr einen goldenen Kamm, den sollte sie bei Vollmond an den Rand des Weihers legen. Nun musste sie erst noch bis zum Vollmond warten. Dann tat sie wie geheißen, und der Weiher spülte den Kamm in die Tiefe, aus der ihr geliebter Mann auftauchte, aber sofort wieder verschwand. Noch zwei Gegenstände – eine Flöte und ein Spinnrad – musste sie auf die gleiche Weise der Nixe darbringen, bis ihr Mann vollständig befreit war und zu ihr ans Land sprang. Doch die Freude währte nur kurz: Die Nixe gab sich nicht geschlagen und schickte eine riesige Flut, die beide überschwemmte. Aber Jäger und Frau wurden von der hilfreichen Alten in Kröte und Frosch verwandelt. So überstanden sie die Flut, wurden jedoch so weit voneinander getrennt, dass sie, obwohl schon wieder in menschlicher Gestalt, doch noch lange Jahre als Hirten durch die Lande zogen, bis sie sich endlich wiederfanden. »Sie umarmten und küssten sich und ob sie glückselig waren, braucht keiner zu fragen.«*

Das Motiv von der verführerischen Nixe, die dem Mann zum Verderben wird, taucht in Literatur und Musik immer wieder auf. Als ein besonders prägnantes Beispiel dafür möchte ich ein Gedicht von Joseph von Eichendorff zitieren, das Robert Schumann eindrucksvoll vertont hat.

*Frühlingsfahrt*

Es zogen zwei rüst'ge Gesellen
zum erstenmal von Haus,
so jubelnd recht in die hellen,
in die klingenden, singenden Wellen
des vollen Frühlings hinaus.

Die strebten nach hohen Dingen,
die wollten, trotz Lust und Schmerz,
was Rechts in der Welt vollbringen,
und wem sie vorübergingen,
dem lachten Sinnen und Herz.

Der erste, der fand ein Liebchen,
die Schwieger kauft' Hof und Haus;
der wiegte gar bald ein Bübchen,
und sah aus heimlichem Stübchen
behaglich ins Feld hinaus.

Dem zweiten sangen und logen
die tausend Stimmen im Grund,
verlockend' Sirenen, und zogen
ihn in die buhlenden Wogen,
in der Wogen farbigen Schlund.

Und wie er auftaucht' vom Schlunde,
da war er müde und alt,
sein Schifflein das lag im Grunde,
so still war's rings in der Runde,
und über den Wassern weht's kalt.

Es klingen und singen die Wellen
des Frühlings über mir;
und seh ich so kecke Gesellen,
die Tränen im Auge mir schwellen
ach Gott, führ uns liebreich zu dir![5]

Die Nixen werden in diesem Gedicht »Sirenen« genannt, was uns natürlich sofort an Odysseus erinnert, wo das Motiv ebenfalls auftaucht: In der Odyssee wird von den verführerischen Inselbewohnerinnen erzählt, die mit ihrem betörenden Gesang starke Seeleute schwach machen und ins Verderben locken. Bei Eichendorff handelt es sich außerdem im Unterschied zum Grimmschen Märchen nicht um einen, sondern um zwei Männer, zwei gleichermaßen hoffnungsvolle »Jung-Unternehmer«, von denen der eine den rechten Weg geht und der andere den ins Verderben. Den rechten Weg weist das »Liebchen«, das bald zur Ehefrau und Mutter wird und mit Hilfe der »Schwiegerleut« die Grundlage für ein behagliches, ehrbares Leben mit Stammhalter, Haus, Hof und Grundbesitz darstellt. Der andere gerät ins Verderben, weil er sich von den »Sirenen« etwas vorlügen lässt, wobei mit den »buhlenden Wogen« und dem »farbigen Schlund« eindeutig sexuelle Motive anklingen, vor allem wenn man dazu noch die ins schillernde Moll wechselnde Musik Schumanns zur Interpretation heranzieht. Der junge Mann wird in die Tiefe gezogen, aus der er einsam und alt wieder auftaucht, womit eindrücklich klargestellt wird, dass sein Leben ruiniert ist.

Der Mann mit der »braven Frau«, die ihn und die gemeinsamen Kinder versorgt und selbstlos unterstützt, und der Mann, der an die verführerische Nixe oder Sirene gerät, die ihn ausnützt und in den Abgrund zieht, – ob es ein und derselbe Mann ist, wie bei den Brüdern Grimm, oder zwei verschiedene, wie bei Eichendorff: Um welche heute noch gültigen Beziehungserfahrungen zwischen den Geschlechtern geht es hier? Wieso taucht dieser Gegensatz »brave Frau, die das Wohlergehen sichert« und »böse Frau, die ins Verderben lockt« immer wieder auf, und welches Beziehungsproblem soll – vielleicht – damit bewältigt werden? Ganz offensichtlich wird die Nähe des Mannes zu der zweiten, der bösen Frau, als sehr gefährlich eingeschätzt, und zwar deshalb, weil sie ihn um seine Potenz im umfassenden Sinn zu bringen droht: »Und als er auftaucht vom Grunde, da war er müde und alt, sein Schifflein, das lag im Grunde und über den Wassern weht's kalt«! Warum ist diese Nähe des sonst »starken« zum sonst »schwachen« Geschlecht hier so gefährlich? Um darauf eine Antwort zu finden, möchte ich etwas weiter ausholen und zunächst eine sehr alltägliche Erfahrung zwischen Mann und Frau analysieren.

## Die Angst des Mannes vor der weiblichen Nähe

Immer wieder höre ich von Frauen folgende und ähnliche Aussagen über ihre Männer: »Komisch, wenn ich ihm in die Augen schauen will, schaut er weg – wie peinlich berührt.« – »Wenn er nach Hause kommt, hat er immer noch tausend Sachen zu tun. Nur mal ein paar Minuten einfach neben mir sitzen – das hält er nicht aus.« – »Beim Sex macht er die Augen zu und ist wie weggetreten. Es läuft ab – irgendwie rein triebhaft, ohne jeden Kontakt zu mir.« – »Er kann nicht streicheln und zärtlich sein. Entweder er kommt gleich ›zur Sache‹, oder es findet eben gar nichts statt.« – »Wenn ich ihn unerwartet von hinten berühre, zuckt er zusammen, als wollte ich ihm etwas antun ...« In solchen Aussagen geht es um das Thema Nähe, und zwar vor allem um emotional-seelische Nähe. Viele Frauen haben das Gefühl: Ihre Männer meiden diese Nähe, laufen vor ihr davon, schützen sich vor ihr – weil sie Angst davor haben. Hier – in diesen Alltagssituationen – taucht sie also bereits auf, die Angst des Mannes vor weiblicher Nähe, obwohl von gefährlichen Nixen hier noch keine Spur zu sein scheint!

Es ist eigenartig: Männer haben doch auch große Sehnsucht nach Frauen, nach dem Weiblichen überhaupt. Wenn sie miteinander reden, vor allem, wenn sie noch jünger sind, ist das doch eines ihrer Hauptthemen. Der weitaus überwiegende Teil unserer Liebeslyrik stammt von Männern. Und nur zu oft ist ihnen – sehr zum Leidwesen ihrer Frauen – eine einzige Frau sogar zu wenig, wie die vielen Außen- und Nebenbeziehungen von Männern zeigen. Und wenn sie verliebt sind, wie nah können sie dann sein! Frauen sind oft ganz gerührt und fasziniert, wenn sie sich an diese Zeit erinnern.

In der Brust des Mannes scheint es besonders hier die berühmten »zwei Seelen« zu geben: die eine sehnt sich nach der Frau, nach Nähe und Verschmelzung mit ihr. Die andere hat Angst davor, ist auf der Hut, vermeidet sie darum und blockt ab.

## Angst wovor?

Was haben Frauen, die Nähe haben wollen, Gefahrvolles für Männer? Wohl zunächst schon einmal das: Männer wollen gerne das Heft in der Hand behalten. Wenn die Frau aber, weil es mehr ihren Bedürfnissen entspricht, bezüglich Nähe stärker initiativ wird als der Mann, dann nimmt sie an diesem Punkt das Heft in die Hand. Nicht selten ist die Reaktion des Mannes darauf, dass er dann nicht mehr »kann« – vom Aushalten des Blickkontakts angefangen bis hin zum Geschlechtsverkehr. Es scheint sich so zu verhalten, dass Männer die Tendenz haben, die Kontrolle behalten zu müssen, auch über die Regulierung von Distanz und Nähe. Wenn ihnen die zu entgleiten droht, weil die Frau zu initiativ wird, wird es ihnen mulmig – obwohl es andererseits auch hier wiederum die geheime männliche Sehnsucht gibt, von der Frau einmal so richtig »genommen« zu werden, vor allem im Sexuellen – bis hin zur »Domina«, deren Angebot auf die Befriedigung dieses

Bedürfnisses ausgerichtet ist. Auch hier also wieder die eigenartige Doppelgesichtigkeit! Die Nähe zur Frau als Quelle der Lust und die Nähe zur Frau als Gefahr – und da, wo diese Gefahr erlebt wird, scheint die Frau für den Mann die gefährlichen Züge der Nixe anzunehmen, die ihm zum Verderben wird – wie dem Müllerssohn im Grimmschen Märchen und dem zweiten Gesellen in unserem Gedicht. Wie kommt das und was steckt dahinter?

Um das ganz zu verstehen, müssen wir wohl an den Anfang des männlichen Lebens zurück, zur ursprünglichen Erfahrung des Mannes mit dem Weiblichen. Dabei erkennen wir, dass schon diese allererste Erfahrung mit dem Weiblichen doppeldeutig ist. Der kleine Junge ist einerseits ganz auf die Mutter bezogen: In ihrem Bauch ist er ganz mit ihrem Leben verschmolzen und nach der Geburt ist er vollständig auf sie angewiesen. Aber andererseits ist er auch »ganz anders« als sie: In seinem Geschlecht unterscheidet er sich bereits von Anfang an. Vielleicht liegt hier die Wurzel der Ambivalenz des Mannes dem Weiblichen gegenüber. Von der Mutter ist er gekommen, bei ihr ist Nahrung, Sicherheit und Geborgenheit. Sie ist der Urquell von Lust und Leben. Die Verschmelzung mit dem Weiblichen ist und bleibt darum für ihn Inbegriff aller Seligkeit. Das ist aber nur die eine Seite. Die andere ist: Er muss von dieser Mutter aber auch weg, um er selbst zu werden. Darum ist die Angewiesenheit auf sie auch gefährlich. Er muss sich abgrenzen, um sich selbst nicht zu verlieren, er muss weg, um seine eigene Männlichkeit zu finden. Kommt er nicht los von ihr, verkümmert er, wird er ein Muttersohn, der »nicht seinen Mann steht«.

Hierin unterscheiden sich Mädchen und Jungen von Anfang an. Zwar muss sich auch das Mädchen von der Mutter lösen, um ihr Eigenes zu finden. Aber sie kann dabei immer »im weiblichen Bereich« bleiben. Darum braucht diese Lösung nicht so radikal zu sein. Das Mädchen kann, weil gleichen Geschlechts, in seiner Ablösung viel stärker auch die Verbindung zur Mutter behalten, ohne sich selbst dabei zu verlieren.

## Leben spendend und Leben vernichtend

Von daher ist für den Mann das Mütterliche, und damit das Weibliche überhaupt, von Anfang an Glück und Gefahr zugleich. Dies scheint eine generelle männliche Grunderfahrung zu sein. Denn die eigenartige Doppelgesichtigkeit des Weiblichen für den Mann spiegelt sich vielfältig in den Überlieferungen der Menschheit wider. Die Muttergottheiten der alten Religionen hatten immer diesen Doppelaspekt: Leben spendend und Leben vernichtend. Sie werden mit vielen üppigen Brüsten dargestellt und zugleich mit Mordwerkzeugen in den Händen: »Verströmende Mutterliebe und zugleich verschlingender, zehrender Vampirismus« kommt in ihnen zum Ausdruck. Die Mutter-Göttin »ist nährende Amme und kinderfressende Hexe in einem«.[6] Diese Hexe finden wir auch in unseren Märchen wieder, am deutlichsten in der Hexe des Märchens »Hänsel und Gretel«, die die Kinder einerseits beherbergt und verwöhnt und andererseits Hänsel in den Käfig steckt, um ihn zu mästen und dann zu verspeisen.

Zu dieser ganz allgemeinen männlichen Grunderfahrung kommen noch speziell lebensgeschichtliche Erfahrungen durch besondere Familienkonstellationen, durch die die Ambivalenz vieler Männer in Bezug auf weibliche Nähe noch sehr verstärkt werden kann: Sie haben als Kinder Mütter erlebt, die bei ihnen die emotionale Zuwendung suchten, die sie nur hätten von ihren Partnern bekommen können, die sie aber nicht bekamen – weil die Männer abwesend waren durch den Krieg, die Gefangenschaft, und später durch Überbeschäftigung in Wiederaufbau und Wirtschaftswunder. Ohne sich dessen bewusst zu sein und oft ohne es zu wollen, haben sie ihre Söhne zu »Ersatzpartnern« gemacht. Solche Söhne, solche »heimlichen Partner« ihrer Mütter haben sich gebunden, festgehalten erlebt und darum die Doppelgesichtigkeit des Weiblichen – Leben spendend und Leben gefährdend – besonders krass erfahren. Darum sind sie als Erwachsene natürlich besonders auf der Hut davor, von Frauen vereinnahmt zu werden.

Hier also, in diesen allgemeinen und speziellen lebensgeschichtlichen Erfahrungen liegen die Wurzeln der männlichen Angst vor weiblicher Nähe, die die Frauen in den beschriebenen Beispielen beklagen. Häufig ist es dabei so, dass in der ersten Zeit der Verliebtheit eher der Leben spendende Aspekt des Weiblichen im Vordergrund steht, sodass in dieser Zeit die Verschmelzung und die Hingabe ausgelebt werden kann. Im Laufe der Zeit aber drängt sich der andere Aspekt, der bedrohliche, in den Vordergrund, und das führt dann zu den unterschiedlichsten Abwehrstrategien, von denen die Rede war: wegschauen, Augen zumachen, immer mit etwas anderem beschäftigt sein, oder zwanghaft die Kontrolle behalten müssen, sodass es beim Sex zum Beispiel nur nach seinem Kopf ablaufen darf. Das »Beabsichtigte« dabei wird erreicht: die »gefährliche« Nähe geht verloren. Das beklagen aber dann die Frauen, und auch die Männer gehen leer aus, denn andererseits ist ja die intensive Nähe zur Frau – mit ihr verschmelzen, mit ihr eins werden – auch ihre tiefste Sehnsucht.

Aus diesem Grund scheinen die Menschen im Laufe der Geschichte auch noch andere Strategien entwickelt zu haben, wie man weibliche Nähe »entschärfen« kann. Damit kommen wir wieder zu unserem Märchen und zu unserem Gedicht: Hier wird die weibliche Nähe so entschärft, dass das Weibliche aufgespalten wird in zwei Frauengestalten. Was bei der Mutter aus der besonderen lebensgeschichtlichen Situation des Jungen heraus in einer Frau verkörpert erlebt wurde, wird jetzt aufgeteilt. Die eine Frauengestalt wird zur hingebungsvollen Ehefrau, die nicht viel für sich will und immer für den Mann da ist, deren Nähe also nicht mehr »gefährlich« (allerdings auch nicht mehr sehr spannend) ist, und die andere, die »mehr« will, weil sie auch eigene Bedürfnisse hat, die wird zur Nixe, Sirene, Hexe, die ins Verderben zieht. Es wird also eine massive moralische Wertung vorgenommen: Die eine, die »ungefährliche« ist die brave Frau, die andere, die Nixe, ist die böse. Dem entsprechen Belohnung und Bestrafung, die dem Mann verheißen werden: Der »zweite Geselle« in Eichendorffs Gedicht schaut auf ein kaputtes Leben, während der erste mit seinem Bübchen im Arm durchs Fenster wohlgefällig sein Hab und Gut betrachtet. Auch im Grimmschen Märchen geht es in ähnlicher Weise gut aus, als sich der Müllerssohn endgültig von der bösen Nixe ab- und seiner guten Frau zugewendet hat. Allerdings wird hier recht drastisch deutlich gemacht, dass es ihn schier unendliche Mühen kostet, bis er sich dem Einfluss der bösen Nixe endgültig entziehen kann.

Dass diese Aufspaltung keineswegs passé ist, zeigt sich darin, dass sie auch heute immer wieder auftaucht, zum Beispiel in dem Film »Eine verhängnisvolle Affäre« mit Glenn Close und Michael Dougals, der vor wenigen Jahren durch unsere Kinos ging. Die Nixe ist hier die attraktive, tüchtige und beruflich erfolgreiche Arbeitskollegin, die in die Ehe des Mannes, der mit einer liebe- und hingebungsvollen Frau verheiratet ist, rücksichtslos »einbricht« und alles zerstört, bis sie am Schluss grausam – aber gerecht! – erstochen und ertränkt wird. Der penetrant erhobene moralische Zeigefinger dieses Films war offenbar kein Hindernis, dass er über Wochen und Monate die Menschen in Scharen in die Kinos lockte.

## Nicht das Herz öffnen

Hier zeigt sich, dass dieser mit moralischen Kategorien vorgenommene Aufspaltungsmechanismus doch nicht so wirksam ist, wie man sich verspricht, trotz der Androhung schrecklicher Strafen. Denn »ewig lockt das Weib«: Immer noch bleibt die Verlockung, und je verbotener sie ist, desto spannender wird sie ja andererseits sogar. Die bisherigen Strategien laufen außerdem immer darauf hinaus, dass der Mann sich »bremsen muss«. Bei der Ehefrau wird es zu gefährlich, bei der »Nixe« ist es verboten. Gibt es keine Möglichkeit, die verlockende Seite, die Sehnsucht nach orgiastischer Verschmelzung zu leben ohne die männliche Urangst, verschlungen zu werden?

Doch, die gibt es. Auch dafür wurden Strategien in unserer Tradition entwickelt, wir finden sie sogar schon in der Bibel. Im Alten Testament, im Buch der Richter (16, 4-31) wird die berühmte Geschichte von Samson, dem bärenstarken Führer der Israeliten, und Dalilah, der schönen Frau aus dem feindlichen Lager der Philister, erzählt. Dalilah gehört nämlich dem Volk an, das die Israeliten aus dem Land haben will. Samson hat sich in sie verliebt. Aber weil sie eindeutig zur Sorte der »bösen Frauen« gehört, missbraucht sie diese Liebe dazu, ihm, der mit seiner unbändigen Kraft die Philister tyrannisiert, das Geheimnis dieser Kraft zu entlocken. Seine Kraft liegt in seinen langen, ungeschorenen Haaren. Dalilah entlockt ihm mit ihren Verführungskünsten dieses Geheimnis. Als er nach dem Liebesakt eingeschlafen ist, schneidet sie ihm die Haare ab. Damit hat sie ihn um seine Manneskraft gebracht, sie hat ihn auf ihre Weise »in die Tiefe gezogen«, und es ist nun den Philistern ein Leichtes, ihn in ihre Gewalt zu bringen. Erst in der langen Gefangenschaft, in der er betet und Buße tut, wachsen ihm seine Haare wieder und er zerstört mit seiner wieder erstarkten Kraft die Philister und sich selbst dazu, weil er ihren Tempel, in dem sich alle versammelt haben, um den Sieg ihres Götzen zu feiern, zum Einsturz bringt.

Es ist also auf den ersten Blick wieder dieselbe Geschichte wie die der Nixe im Teich und ihrer verschiedenen Variationen. Aber interessanterweise wird hier keineswegs nur mit moralischer Tabuisierung operiert. Aus dieser Geschichte geht klar hervor, was Samson hätte tun und was er hätte vermeiden müssen, um seine Kraft zu behalten. Er hätte keineswegs die Beziehung zu Dalilah meiden müssen. Da ist der biblische Text sehr großzügig. Wenn er sie sich als Geliebte gehalten hätte, dagegen wäre nichts einzuwenden. Er darf alles mit ihr genießen, was er möchte. Der Fehler Samsons liegt in etwas anderem. Der hebräische Text bringt es genau zum Ausdruck. Da heißt es nämlich, dass Dalilah den Samson, nachdem sie von ihm wiederholt getäuscht worden ist, nun stark bedrängt, offen zu ihr zu sein: »Da war seine Seele sterbenselend, *und er erzählte ihr sein ganzes Herz«* (16,16f).[7] Das ist sein Fehler, dass er ihr »sein ganzes Herz erzählte«, also ihr sein

Innerstes öffnete! Das hätte er nicht tun dürfen. Damit hat er sich ihr ausgeliefert, und das hat ihn seine Kraft gekostet.

Die »Moral aus der Geschicht« lautet also: Du kannst deinen Spaß mit ihr haben, aber du musst ihrem Ansinnen, dich ihr zu öffnen, widerstehen! So kann man auch über die gefährliche Frau, die Nixe, die Kontrolle behalten, ohne auf sie verzichten zu müssen. Diese Strategie wird seither häufig befolgt, zum Beispiel indem er eine Außenbeziehung eingeht, die er geheim hält. Dadurch bleibt sie in einem ausgegrenzten Raum, »im Dunkel«, und keine der beiden Frauen, weder die Geliebte noch die Ehefrau, hat den Mann dann »ganz«, hat »sein Herz«, weil er sich weder da noch hier ganz einlassen »muss«. Oder er nimmt die Liebesdienste von bezahlten Frauen in Anspruch. Dann kann er zwar alle sexuellen Sehnsüchte ausleben, aber durch die Bezahlung und den gewählten Rahmen ist er ebenfalls davor geschützt, »ihr sein Herz zu erzählen«. So kann er sie haben – und behält trotzdem die Kontrolle.

## Sich als Mann annehmen

Aber auch im Blick auf diese Strategie muss man sagen: Sie bringt nicht wirklich eine Lösung. Sicherlich merken das viele Männer nicht. Sie scheinen ganz zufrieden, wenn sie eine »brave Ehefrau« zu Hause haben und zwischendurch mit heimlichen Geliebten oder im Bordell ihre orgiastischen Sehnsüchte leben. Aber es kann sein, dass sich plötzlich eine andere Sehnsucht meldet – während sie so leben oder vielleicht weil ihnen plötzlich eine Frau begegnet, bei der es »anders« ist: Es ist die Sehnsucht, gerade *in* der Beziehung, *im* Kontakt, *in* der sexuellen Hingabe »sein ganzes Herz zu erzählen«, das heißt: sich ganz einzulassen. Es ist die Sehnsucht nach dem, was Rubens in seinem berühmten Gemälde dargestellt hat: der bärenstarke Samson, der nicht mehr auf der Hut ist, sondern sich ganz übergibt und seinen Kopf vertrauensvoll in den Schoß Dalilahs bettet. Nicht mehr auf der Hut sein müssen, loslassen können, sich hingeben – trotz aller »Gefahren«! Wenn der Mann das schafft, dann spürt er in der Regel: Dalilah hat keineswegs – wie auf dem Gemälde – das Messer in der Hand, um ihm gleich, wenn er eingeschlafen ist, die Haare abzuschneiden. Vielmehr nimmt sie die Hingabe freudig an und erwidert sie aus ganzem Herzen.

Aber wie kann man dazu kommen? Wie kann der Mann die Angst, die Haare abgeschnitten zu bekommen, der Kraft beraubt, in die Tiefe gezogen zu werden, überwinden? Es gibt nur einen Weg – und der ist leichter beschrieben als begangen: Der Mann muss die Erfahrung mit seiner Mutter in seiner Seele trennen lernen von der Erfahrung mit dieser Frau. Denn wenn er diese beiden Ebenen vermischt, wird er die Erfahrung mit seiner Mutter immer mit den Erfahrungen mit anderen Frauen vermengen. Dann werden andere Frauen immer wieder partiell für ihn »zur Mutter« und er benötigt ihnen gegenüber dann alle jene Abwehrstrategien, von denen wir gesprochen haben.

Wie aber trennt man innerlich die Erfahrung mit der Mutter und dem Mütterlichen von der Erfahrung mit einer Frau? Darauf ist eine Antwort in mehreren Schritten erforderlich. Der erste Schritt ist: indem man sich bewusst macht, was es noch an »unerledigten Angelegenheiten« mit der Mutter im eigenen Leben gibt. Mutter-Übertragungen wirken sich dann in der beschriebenen Weise störend auf die Liebesbeziehung zu einer Frau aus, wenn der Mann mit dieser Mutter noch immer »unerledigte« Themen hat.[8] Oder anders ausgedrückt: wenn er in seiner Seele zu Teilen noch immer der kleine Junge ist, der an ihr hängt, der mit ihr kämpft, der sich nach ihr sehnt, mit einem Wort: der nicht wirklich von ihr abgelöst ist. Und weil er nicht abgelöst ist, deshalb muss er noch immer fürchten, von ihr »verschlungen« zu werden, und darum muss er sich immer noch gegen sie wehren.

Wenn er sich das bewusst gemacht hat, geht es als Zweites darum, den mütterlichen Bereich zu verlassen, und das heisst: jetzt im Erwachsenenalter ein Stück Entwicklung vom Jungen zum Mann noch nachzuholen. Wie geht das? Wie verlässt man den mütterlichen Bereich, um alle jene Kontrollstrategien zu überwinden, die im Erwachsenenleben zum Hindernis für die Liebe zu einer Frau werden? Es gibt Märchen und Mythen, in denen solche Entwicklungswege ausführlich dargestellt werden. Dabei geht es – zum Beispiel im russischen Märchen von der Froschprinzessin[9] oder auch in der Parzival-Sage – immer darum, dass der junge Mann sich auf das Väterliche einlässt, das heisst eine Vater-Figur findet, die ihn lehrt, unterstützt und mit der er sich auseinandersetzt. Das heisst: Den mütterlichen Bereich verlässt man dadurch, dass man den väterlichen betritt. Das ist der Weg, wie man sich von der Angst vor weiblicher Nähe befreit und reif wird zu einer ebenbürtigen Liebe.

Das heisst aber andererseits, und das ist der dritte Schritt der Antwort: Den mütterlichen Bereich verlässt man nicht dadurch, dass man die Mutter aggressiv zurückstößt oder Konflikte mit ihr inszeniert, und auch nicht dadurch, wie das in manchen erlebnisorientierten Therapierichtungen propagiert wird, dass man sie symbolisch und im Rollenspiel »totschlägt«. Abgrenzung kann im Ablösungsprozess natürlich auch konflikthaft sein. Aber wenn man meint, dies durch Aggressivität oder Rücksichtslosigkeit schaffen zu müssen, besteht die Gefahr, sich damit lediglich in einer Trotzposition zu verhärten. Trotz ist aber wieder nur Abhängigkeit – mit negativen Vorzeichen. Darum trägt eine Trotzposition der Mutter gegenüber nichts bei zu einem unambivalenten Liebesverhältnis zur Frau. Wirkliche Ablösung geschieht, wenn der Mann von der Mutter zum Vater geht, wenn er im Vater Rückhalt und Stütze gefunden und sich so in seinem eigenen Geschlecht gegründet hat.

Viele Männer haben diesen Schritt vom mütterlichen in den väterlichen Bereich noch nicht vollzogen, auch wenn sie bereits erwachsen und selber Väter von Kindern sind. Man erkennt das daran, dass sie zum Beispiel heute immer noch gegen ihre Väter kämpfen, es ihnen »beweisen wollen« oder sie verachten. Das ist die Kehrseite des Muttersohns, der innerlich noch immer »bei der Mutter« festhängt und darum Frauen nicht eindeutig und ohne Ambivalenz lieben kann. Deshalb besteht die Heilung des Muttersohns wesentlich darin, dass er sich – vierter Schritt der Antwort – mit dem eigenen Vater aussöhnt. Sich mit dem Vater auszusöhnen bedeutet, dass man mit ihm seinen Frieden schließt, dass man ihn als seinen Vater annimmt und sich als seinen Sohn sieht.[10] Dadurch bejaht man die Wurzeln der eigenen Männlichkeit und sagt somit Ja zu sich als Mann. Dadurch beginnt man, den eigenen Vater als positive Kraft im Rücken zu spüren, der einen stärkt und im Leben begleitet.

Diese Aussöhnung kann schwierig sein, je nachdem, wie man die Beziehung zu ihm als Kind erlebt hat. Sie ist aber möglich, selbst wenn der Vater kein strahlendes Vorbild war, und auch dann, wenn man unter ihm gelitten hat. Denn es ist ein seelischer Vorgang, und man kann heute immer noch – indem man zum Beispiel eine Therapie macht – seinen Teil dazu tun, diese Aussöhnung zustande zu bringen. Man muss sich allerdings auf den Weg machen, sich intensiv und über längere Zeit mit dem Vater-Thema auseinandersetzen. Das kann mühselig sein, aber es lohnt sich: Denn der Weg zum Vater ist gleichzeitig der Weg zur reifen Liebe zu einer Frau.

Diese innere Aussöhnung mit dem eigenen Vater ist sicher das Zentrale. Darüber hinaus kann es aber – fünfter Schritt der Antwort – hilfreich sein, sich positive Erfahrungen mit dem Männlich-Väterlichen zu verschaffen, indem man zum Beispiel anfängt, liebevolle Kontakte zu anderen Männern zu pflegen. Auch das stärkt das positive Gefühl der eigenen Männlichkeit gegenüber und hilft, sich in den eigenen männlichen Wurzeln zu gründen. Außerdem ist es eine gute Möglichkeit, sich ganz konkret positiv-väterliche Erfahrungen zu verschaffen, indem man in anderen Männern ein Stück »positiven Vater« sucht und anspricht, sich also Rat, Orientierung und Unterstützung holt und es genießt, in dieser Weise »bevatert« zu werden.

So können Männer auch im Erwachsenenalter noch den mütterlichen Bereich verlassen und mehr »zum Mann« werden. Und ein Mann, der seine eigene Männlichkeit liebevoll angenommen hat, braucht keine angstvollen Kontrollstrategien mehr, um von Hexen, Nixen und Sirenen nicht verführt, aufgefressen oder in die Tiefe gezogen zu werden. Die Hexen-, Nixen- und Sirenen-Seite der Frau wird für ihn zur Bereicherung der Beziehung, und die Frau wird zur ebenbürtigen Partnerin, der er sich in Liebe schenken und deren Liebe (und Verführungskünste) er in vollen Zügen genießen kann, ohne sich als Mann dabei zu verlieren.

# Orpheus und Eurydike

## Woran es liegt, dass er sie nicht wiedergewinnen kann

*Worum es in diesem Kapitel geht*

*Er bewundert sie. Sie ist seine Muse, die ihn zu nie gekannter Kreativität inspiriert. Aber eines Tages entdeckt er, dass sie ihm verloren gegangen ist. Ihre Liebe ist verschwunden wie Eurydike in der Unterwelt. Er setzt alles daran, sie wiederzugewinnen. Aber irgendetwas macht er falsch, irgendetwas hat er übersehen. Denn im entscheidenden Augenblick entgleitet sie ihm wieder – und jetzt auf Nimmerwiedersehen. Er ist ein großer Könner, vielleicht sogar ein berühmter Mann. Aber mit der Liebe klappt es irgendwie nicht. Denn Ähnliches ist ihm schon mehrmals passiert. Woran mag das nur liegen? An Orpheus könnte es vielleicht deutlich werden.*

Die orphischen Kulte waren im Altertum eine religiöse Richtung, die ihren Ursprung im Sänger Orpheus sah. Uns Heutigen ist Orpheus weniger als Kultgründer im Gedächtnis denn als Teil eines besonders tragischen Paares: Orpheus, der mythische Sänger, der Menschen, Tiere und Pflanzen mit seinem Gesang bezauberte, und Eurydike, seine Gattin, die ihm durch den Tod entrissen wurde und die er – mithilfe dieses Gesangs – wieder ins Leben zurückzuholen versuchte, was allerdings – im allerletzten Augenblick – doch misslang. Durch die Lektüre antiker Heldensagen oder durch Opern von Ch.W. Gluck und C. Monteverdi, die heutzutage immer noch aufgeführt werden, dürfte der Verlauf des tragischen Geschehens vielen Lesern und Leserinnen bekannt sein. Dennoch hier eine kurze Zusammenfassung:

## Die Geschichte von Orpheus und Eurydike

*Orpheus, Sohn eines thrakischen Königs und der Muse Kaliope, ist der berühmteste Poet und Musiker der griechischen Sage. Sein Gesang zähmte die wilden Tiere und entzückte sogar Bäume und Felsen. Seine Frau Eurydike wurde auf der Flucht vor einem Mann, der sie vergewaltigen wollte, von einer Schlange gebissen und starb. Orpheus konnte den Verlust nicht verschmerzen. Er stieg kühn in die Unterwelt hinab, um sie zurückzuholen. Alle, denen er begegnete, rührte er mit seinem Leierspiel und seinem Gesang. Sogar den wilden Hades konnte er erweichen und dazu bringen, Eurydike wieder in die Oberwelt zurückkehren zu lassen. Hades stellte nur eine Bedingung: Orpheus dürfe nicht zurückschauen, bis sie sicher im Lichte der Sonne wären. Eurydike folgte Orpheus durch den dunklen Gang, geführt von den Klängen seiner Leier. Als er das Sonnenlicht erreicht hatte, drehte er sich nach ihr um – und verlor sie für immer.* [11]

## Etwas stimmt nicht

Das Leid unseres mythischen Helden ist jedem nachvollziehbar und weckt unser spontanes Mitgefühl mit ihm. Dennoch, wenn ich dieser Geschichte in Literatur oder Musik begegnet bin, ist es mir immer so gegangen, dass ich wohl die Tragik gespürt habe, aber auch den Eindruck hatte: Es ist nicht nur grausamer Zufall oder zynisches Spiel, das die Götter mit den Sterblichen treiben, dass es dieses Ende nimmt. Orpheus und Eurydike lieben sich innig. Und doch schien mir an ihrer Beziehung etwas nicht zu stimmen. Die Frage, die mir immer wieder kam, lautete: Warum nur um alles in der Welt »muss« sich dieser Orpheus am Ausgang des Hades, unmittelbar vor dem guten Ende, umwenden und damit alles zerstören?

Durch eine Freundin wurde ich auf ein Gedicht von R.M. Rilke aufmerksam, in dem er diese Geschichte auf seine Weise neu erzählt. Je länger ich mich mit diesem Gedicht beschäftige, desto mehr glaube ich, dass Rilke in seiner unübertrefflichen, freilich nicht immer leicht verständlichen Sprache das Problem dieser Beziehung prägnant zum Ausdruck bringt, sodass es keineswegs mehr das Überwältigtwerden durch die reine Liebe zu sein scheint, wenn Orpheus entgegen dem Auftrag zurückschaut und damit alles zunichte macht. In diesem Licht gesehen wird das Paar für mich zu einem Modellpaar für eine auch heute oft anzutreffende

Konfliktkonstellation, aus der wir viel lernen können. Das Gedicht ist nicht in allen Passagen leicht verständlich. Trotzdem möchte ich es hier den Leserinnen und Lesern in seiner Gänze zumuten. Wer sich schwer damit tut, mag es auch überspringen und am Ende des Kapitels darauf zurückkommen.

*Orpheus. Eurydike. Hermes*

Das war der Seelen wunderliches Bergwerk.
Wie stille Silbererze gingen sie
als Adern durch sein Dunkel. Zwischen Wurzeln
entsprang das Blut, das fortgeht zu den Menschen,
und schwer wie Porphyr sah es aus im Dunkel.
Sonst war nichts Rotes.

Felsen waren da
und wesenlose Wälder. Brücken über Leeres
und jener große graue blinde Teich,
der über seinem fernen Grunde hing
wie Regenhimmel über einer Landschaft.
Und zwischen Wiesen, sanft und voller Langmut,
erschien des einen Weges blasser Streifen,
wie eine lange Bleiche hingelegt.

Und dieses einen Weges kamen sie.
Voran der schlanke Mann im blauen Mantel,
der stumm und ungeduldig vor sich aussah.
Ohne zu kauen fraß sein Schritt den Weg
in großen Bissen; seine Hände hingen
schwer und verschlossen aus dem Fall der Falten
und wussten nicht mehr von der leichten Leier,
die in die Linke eingewachsen war
wie Rosenranken in den Ast des Ölbaums.

Und seine Sinne waren wie entzweit:
indes der Blick ihm wie ein Hund vorauslief,
umkehrte, kam und immer wieder weit
und wartend an der nächsten Wendung stand, –
blieb sein Gehör wie ein Geruch zurück.
Manchmal erschien es ihm als reichte es
bis an das Gehen jener beiden andern,
die folgen sollten diesen ganzen Aufstieg.
Dann wieder wars nur seines Steigens Nachklang
und seines Mantels Wind was hinter ihm war.
Er aber sagte sich, sie kämen doch;
sagte es laut und hörte sich verhallen.
Sie kämen doch, nur wärens zwei
die furchtbar leise gingen. Dürfte er
sich einmal wenden (wäre das Zurückschaun
nicht die Zersetzung dieses ganzen Werkes,
das erst vollbracht wird), müsste er sie sehen,
die beiden Leisen, die ihm schweigend nachgehn:

Den Gott des Ganges und der weiten Botschaft,
die Reisehaube über hellen Augen,
den schlanken Stab hertragend vor dem Leibe
und flügelschlagend an den Fußgelenken;
und seiner linken Hand gegeben: *sie.*

Die So-geliebte, dass aus einer Leier
mehr Klage kam als je aus Klagefrauen;
dass eine Welt aus Klage ward, in der
alles noch einmal da war: Wald und Tal
und Weg und Ortschaft, Feld und Fluss und Tier;
und dass um diese Klage-Welt, ganz so
wie um die andre Erde, eine Sonne
und ein gestirnter Himmel ging,
ein Klage-Himmel mit entstellten Sternen – :
Diese So-geliebte.

Sie aber ging an jenes Gottes Hand,
den Schritt beschränkt von langen Leichenbändern,
unsicher, sanft und ohne Ungeduld.
Sie war in sich, wie Eine hoher Hoffnung,
und dachte nicht des Mannes, der voranging,
und nicht des Weges, der ins Leben aufstieg.
Sie war in sich. Und ihr Gestorbensein
erfüllte sie wie Fülle.
Wie eine Frucht von Süßigkeit und Dunkel,
so war sie voll von ihrem großen Tode,
der also neu war, dass sie nichts begriff.

Sie war in einem neuen Mädchentum
und unberührbar, ihr Geschlecht war zu
wie eine junge Blume gegen Abend,
und ihre Hände waren der Vermählung
so sehr entwöhnt, dass selbst des leichten Gottes
unendlich leise, leitende Berührung
sie kränkte wie zu sehr Vertraulichkeit.

Sie war schon nicht mehr diese blonde Frau,
die in des Dichters Liedern manchmal anklang,
nicht mehr des breiten Bettes Duft und Eiland
und jenes Mannes Eigentum nicht mehr.

Sie war schon aufgelöst wie langes Haar
und hingegeben wie gefallner Regen
und ausgeteilt wie hundertfacher Vorrat.

Sie war schon Wurzel.

Und als plötzlich jäh
der Gott sie anhielt und mit Schmerz im Ausruf
die Worte sprach: Er hat sich umgewendet –,
begriff sie nichts und sagte leise: *Wer*?

Fern aber, dunkel vor dem klaren Ausgang,
stand irgend jemand, dessen Angesicht
nicht zu erkennen war. Er stand und sah,
wie auf dem Streifen eines Wiesenpfades
mit trauervollem Blick der Gott der Botschaft
sich schweigend wandte, der Gestalt zu folgen,
die schon zurückging dieses selben Weges,
den Schritt beschränkt von langen Leichenbändern,
unsicher, sanft und ohne Ungeduld.[12]

## Zwei, die sich fremd geworden sind

Zunächst fällt auf, dass in der dichterischen Fassung der Geschichte durch Rilke außer Orpheus und Eurydike der Gott Hermes noch eine Rolle spielt, an dessen Hand er Eurydike den Weg aus der Unterwelt gehen lässt. Möglicherweise will Rilke an ihm einen wichtigen Unterschied zu Orpheus deutlich machen. Denn dieser Hermes verhält sich überaus zurückhaltend und behutsam Eurydike gegenüber (»unendlich leise leitende Berührung«), und diese vorsichtige Zartheit steht in einem starken Gegensatz zur Ungeduld und zur Zerrissenheit des Orpheus. Es ist, als würden sich zwei Welten begegnen, die nichts miteinander gemeinsam haben, und es darum schließlich auch nicht gelingen kann, die Verbindung von der einen zur anderen herzustellen.

Von Orpheus sagt das Gedicht, dass er »ungelduldig vor sich aussah«, dass sein Schritt den Weg »in großen Bissen fraß«, dass seine Hände von der Leier, seinem Musikinstrument, »nichts mehr wussten«, dass seine Sinne »wie entzweit« waren. In diesem »inneren Lärm« kann er nicht mehr unterscheiden, ob er die Schritte von Eurydike und Hermes hinter sich hört, oder ob das nur der Widerhall seiner eigenen Schritte ist. Dagegen ist sie, Eurydike, ganz »in sich«, »unsicher, sanft und ohne Ungeduld«, umgeben von einer großen Stille, ihr Schritt ist noch »beschränkt von langen Leichenbändern«. Sie ist »in einem neuen Mädchentum und unberührbar«, als wenn sie nie mit Orpheus verheiratet gewesen wäre. Sie ruht so in sich, dass selbst die unendlich vorsichtige Berührung des Hermes ihr schon fast zu vertraulich erscheint.

Von Eurydike, so wie Rilke sie hier darstellt, hat man den Eindruck, dass sie – nach ihrer Ehe mit Orpheus – nun in einer neuen Daseinsweise existiert: in einem »neuen Mädchentum«. Ihren Tod könnte man demnach auch symbolisch verstehen: als Übergang von einer alten in diese neue Lebensphase. »Ihr Gestorbensein erfüllte sie wie Fülle. Wie eine Frucht von Süßigkeit und Dunkel, so war sie voll von ihrem großen Tode, der also neu war, dass sie nichts begriff.« Sie ist, ohne es schon selbst recht zu begreifen, in eine neue Entwicklungsphase eingetreten. In dieser neuen Phase ist eine starke Entfremdung von Orpheus entstanden: Sie ist ihm nicht mehr die »blonde Frau«, die der Dichter früher besungen hat, und vor allem: Sie ist – »jenes Mannes Eigentum nicht mehr«! Hat er sie also früher als sein Eigentum betrachtet, und hat sie sich so betrachten lassen? Und heißt »tot« in Bezug auf Eurydike, dass für sie diese Zeit, da er sie als sein Frauen-Ideal besungen und als »sein Eigentum« besessen hat, endgültig vorbei ist? Es ist etwas geschehen in ihrem Leben, wodurch sie sich von Orpheus gelöst hat, ja wodurch sie in eine ungeheure Distanz zu ihm geraten ist, zu ihm, der sie drängend und ungeduldig wieder haben möchte.

Mir fallen hier viele Paare ein, bei denen sich eine Entwicklung ganz nach diesem Muster vollzieht. Der junge Mann hat um die Frau mit aller Kraft geworben, er ist für sie regelrecht zum Orpheus geworden: Sie hat ihn zu unglaublicher Ausdruckskraft inspiriert, sie hat ihn zum Strahlen gebracht und sie hat sich selbst in diesem Glanz gesonnt und es genossen, so verehrt zu sein. Darum hat sie Ja gesagt. Dabei hat sie allerdings eines nicht gemerkt: Der Orpheus-Mann hat nicht wirklich sie gemeint. Aus einer tiefen eigenen Bedürftigkeit heraus hat er sie für sich selber gebraucht. Er hat sich mit ihr geschmückt. Er hat sich ihre Schönheit und ihr liebes Wesen »einverleibt«, um sich selber aufzuwerten. Er hat sie »zu seinem Eigentum« gemacht. Sie hatte ganz für ihn da zu sein: Sie sollte seinem Ideal entsprechen (»diese blonde Frau«), seine Zuflucht sein (»des breiten Bettes Duft und Eiland«). Das zu sein, dem zu entsprechen, darum hat sie sich redlich bemüht, und wenn es nicht funktionierte, hat sie gemeint, sie hätte sich eben noch zu wenig angestrengt.

Psychologisch gesehen handelt es sich hier um ein »narzisstisches« Beziehungsmuster, und zwar eines, in dem der Mann die narzisstische, die Frau die komplementär ergänzende Position besetzt. Das heißt, der Mann hat Probleme, die Frau wirklich als Gegenüber zu sehen und zu respektieren. Er sieht sie vielmehr als Teil des eigenen Ichs. Er sieht in ihr sein »ideales Ich«, mit dem er verschmelzen, mit dem er ganz eins werden möchte. Solche Männer sind als Kinder von ihren Eltern emotional ausgebeutet oder – im Fachjargon – »narzisstisch besetzt« worden. Sie sollten das ideale Selbst von Mutter und/oder Vater darstellen, in dem diese ihre Wünsche und Hoffnungen verkörpert sahen.

Sie haben sich nicht in dem, was sie selber waren, gemeint und geliebt gefühlt. Äußerlich haben sie sich dann tatsächlich oft zu solchen »Ideal«-Menschen, die die Eltern in ihnen sehen wollten, entwickelt und sind glänzende Könner, Künstler und Helden geworden, wahre »Orpheuse« in ihrer Art. Aber innerlich fühlen sie sich arm und bedürftig, weil sie nie wirklich sie selbst sein durften, sondern immer eine Rolle für die Eltern spielen mussten. Darum »besetzen« sie nun ihrerseits ihre Partner »narzisstisch«. Das heißt, sie holen sich den »Glanz«, der ihnen – innerlich – fehlt, zum Beispiel in der Schönheit der »blonden Frau«, mit der verschmelzend sie ihr eigenes Ich schön und liebenswert machen wollen. Das heißt aber: Sie beziehen den Partner auf sich, nicht sich auf den Partner. Sie sind nicht fähig zur liebenden Hingabe an den anderen, sondern suchen in der Liebe immer die Erlösung ihres Ich durch den anderen.

Als Partnerinnen lassen sich von ihnen häufig Frauen wählen, die in ihren Herkunftsfamilien gelernt haben, sich immer gut anzupassen, ihrerseits liebe, strahlende Töchter für ihre Eltern zu sein und wenig auf sich und ihre Bedürfnisse nach Eigenständigkeit zu achten. Dasselbe Muster wiederholen sie nun mit ihren Männern. In der Zeit der Verliebtheit geht das gut, weil sie sich so wichtig fühlen für den anderen. Aber irgendwann merken sie, dass es nie um sie geht, sondern immer und bei allem eigentlich um »ihn«. Sie erleben sich mehr und mehr ausgebeutet und sich selbst enteignet und merken dann, dass sie sich distanzieren müssen, um sich nicht selber vollends zu verlieren. Dieses »Merken« verändert die Situation. Es fällt ihnen wie Schuppen von den Augen, und alles erscheint in einem anderen Licht: Das ist der »Tod« Eurydikes, der Eintritt in ihre »Unterwelt«. Die Frau will nicht mehr nur die »Schöne« für ihn sein, sie »stirbt« als die idealisierte, ganz in »ihm« aufgehende Partnerin und sucht eine andere Art zu leben, auch wenn sie darin noch »unsicher« ist und noch nicht recht »begreift«, was geschehen ist.

## Die Krise

Im Mythos passiert dies durch ein einschneidendes Ereignis. Nicht im Gedicht, aber in der mythischen Überlieferung wird berichtet, dass jemand versuchte, Eurydike zu vergewaltigen. Auf der Flucht tritt sie auf eine Schlange und erleidet deren tödlichen Biss. Übersetzt ins reale Leben: Erkennt sie plötzlich, welche Vergewaltigung ihr in dieser Beziehung widerfährt? Ist der Biss der Schlange insofern tödlich, dass sie erkennt: So kann ich nicht mehr weiterleben?

Auf jeden Fall geschieht es in solchen wie den geschilderten Beziehungskonstellationen häufig, dass die Frau – durch welche äußeren Ereignisse oder inneren Entwicklungen auch immer – erkennt, dass die bisherige Art zu leben nicht mehr weitergeht. Die Partnerin, die sie bisher war, ist sozusagen tot. Sie zieht sich aus der Beziehung zurück, geht »in die Unterwelt«. Sie kann plötzlich nicht mehr mit ihm schlafen, schließt sich »wie eine junge Blume gegen Abend«, wird »unberührbar« wie »in einem neuen Mädchentum«. Sie zieht sich ganz und gar auf sich selbst zurück. Eine Phase der Selbstwerdung, der Autonomie-Entwicklung setzt ein, die die Paar-Beziehung in eine tiefe Krise stürzt und vollkommen durcheinander bringt. Konkret heißt das, sie vollzieht an dieser Stelle der Entwicklung eine tatsächliche, auch äußere Trennung oder jedenfalls eine »psychologische Scheidung«, sie kündigt den ursprünglichen Paarvertrag, den »Eigentumsvertrag«.

Und Orpheus? Er ist tief verzweifelt. Er kann es nicht fassen. So wie sie ein Teil seiner selbst geworden ist, meint er, ohne sie nicht leben zu können. Um sie wiederzubekommen, verlangt er von sich schier Unmenschliches. Er geht ihr sogar nach in die Unterwelt, ihr, der »So-geliebten«, für die er in Rilkes Gedicht klagt mit mehr Klage als »je aus Klagefrauen« kam. Er lässt in seiner Klage nochmals die ganze Welt, in der sie zusammen gelebt haben – »Weg und Ortschaft, Feld und Fluss und Tier« – erstehen. Im Blick auf die geschilderte Paarkonstellation fallen mir hier sofort die Männer ein, die es nicht fassen können, dass die Frau den »Eigentums-Vertrag« aufgekündigt hat (weil sie ihn ihrerseits gar nicht bewusst als »Eigentums-Vertrag« wahrgenommen haben). Wie Orpheus versuchen sie alles, setzen alle Hebel in Bewegung, wollen das Unmögliche möglich machen. Sie sind sogar bereit, in die »Unterwelt« der Paartherapie zu steigen, die sie früher wie die Pest gemieden haben. Hier stimmen sie dann wie Orpheus ihre ergreifenden Klagelieder an und versprechen, dass sie alles anders machen werden, sobald man wieder »oben« ist, sobald sie nur bereit ist, es wieder mit ihm zu versuchen. Sie reagieren auf die Distanzierung der Frauen fast panisch und sind plötzlich »zu allem bereit«.

## Bewältigungsversuche

Weil der Orpheus des Mythos die Rückführung Eurydikes mit solcher Intensität betreibt, lässt Hades, der Herr der Unterwelt, sie miteinander ziehen. Aber in der Sicht Rilkes liegt hier das entscheidende Problem, warum es schließlich nicht gelingt: Eurydike ist nämlich noch nicht so weit: »Sie war in sich wie Eine hoher

Hoffnung«, »ihr Gestorbensein erfüllte sie wie Fülle«. Heißt das nicht: Sie ist noch ganz und gar in ihrem eigenen Prozess, der noch nicht so weit gediehen ist, dass sie sich schon wieder auf Orpheus und sein Leben einlassen könnte? Sie »dachte nicht des Mannes, der voranging, und nicht des Weges, der ins Leben aufstieg« – formuliert Rilke. Im Blick wiederum auf unsere Paare: Nicht selten lassen sich Frauen auf die Einladung, wieder mitzukommen, ein, obwohl sie irgendwie spüren, dass sie noch nicht so weit sind. Aber sie möchten es ja auch selber gerne, sie würden ihm ja auch gerne glauben, sie haben ja auch ein schlechtes Gewissen wegen ihres »Autonomie-Trips« und schließlich sind ja auch noch Kinder da – und so weiter. Es gibt so viele »vernünftige« Argumente dafür, und er, der Mann, scheint es ja wirklich ehrlich zu meinen ...

Das Problem ist freilich: Trotz allen ehrlichen Bemühens, trotz aller Opferbereitschaft, Orpheus hat von dieser neuen Seinsweise, in die Eurydike eingetreten ist, nicht wirklich etwas verstanden. Er ist erschüttert durch das, was geschehen ist, er ist besten Willens, sie wiederzugewinnen. Aber er merkt nicht, dass es eigentlich das Alte ist, das er wiederherstellen möchte. Er weiß nicht, was mit ihr eigentlich los ist, ärgert sich über ihre Unsicherheit, ihre Empfindlichkeit, ihre Zurückhaltung. Er »hört sie nicht mehr hinter sich« – und darum dreht er sich um. Dieses »sich nach ihr Umdrehen« – das heißt doch: Er »kann nicht anders«, er »muss« wieder die Kontrolle über das Geschehen haben. Er bemüht sich wirklich um sie, aber er hat keine Wahrnehmung dafür, dass sie jetzt gerade, wo sie sich neu entdeckt, es ganz dringend braucht, sich frei zu fühlen und ihm auf die Weise zu folgen, die ihr entspricht. Stattdessen »muss« er sich umdrehen, muss sie wieder unter seine Kontrolle nehmen.

Aber – das geht jetzt nicht mehr. Sie wendet sich um und entschwindet endgültig. Der Schmerz darüber ist sehr groß, Gluck lässt in seiner Oper an dieser Stelle Orpheus die ergreifende Klage singen: »Ach ich habe sie verloren, all mein Glück ist nun dahin ...« Fast noch erschütternder ist Rilkes knappe Darstellung: »Fern aber, dunkel vor dem klaren Ausgang, stand irgendjemand, dessen Angesicht nicht zu erkennen war. Er stand und sah ...« Ein »gesichtsloser«, »namenloser«, also unausdrückbar großer Schmerz lässt ihn erstarren. So groß ist sehr oft der Schmerz des Orpheus-Mannes und nicht weniger der auch der Eurydike-Frau. Sie merkt: Die Entwicklung, die sich bei ihr getan hat, ist nicht mehr zurückzudrängen, das Neue, das sich anbahnt, ist zwar noch »zu wie eine junge Blume«, aber es will sich unbedingt öffnen, will unbedingt leben, sie kann nicht mehr darauf verzichten. Und sie erlebt, dass der Orpheus-Mann sich nicht darauf einlassen kann, dass es ihm fremd bleibt, dass er nichts versteht. Das ist sehr schmerzlich, aber sie kann es nicht ändern. Ihr Weg führt in eine andere Richtung – ohne ihn.

Dabei fällt eines auf: Eurydike bleibt die ganze Zeit stumm. Wir müssen uns fragen: Warum macht sie von sich aus dem Orpheus nicht deutlich, was los ist? Warum vermittelt sie ihm nicht, dass er vorsichtig sein muss, dass etwas für sie eindeutig zu Ende ist und etwas anderes, Unverzichtbares für sie lebendig geworden ist? Warum lädt sie ihn nicht ein, fordert ihn nicht auf, das zu beachten, sich dafür zu öffnen oder jedenfalls darauf Rücksicht zu nehmen? – Auch das kenne ich oft von Frauen in solchen Konstellationen: Sie haben es gelernt, sich anzupassen, sie haben gelernt, die »blonde Frau für ihn« zu sein. Aber für sich zu stehen, eine eigene Entwicklung zu machen, autonom zu werden – sie fühlen zwar, dass es unausweichlich ist, aber sie haben nicht die Kraft, es auch selbstbewusst vor ihm zu vertreten, es zu formulieren und dafür zu argumentieren, zu fordern und Grenzen zu setzen. Sie bleiben stumm – und wenn es dann nicht mehr geht, trennen sie sich ... Freilich ist es häufig nicht leicht, den redegewandten und einfallsreichen Orpheus-Männern etwas entgegenzusetzen, was sie wirklich beeindruckt. Ihre »Künste« haben diese Männer oft zu einer Mauer um sich herum aufgebaut, und sei es auch – wie bei Orpheus – eine »Klage«-Mauer, durch die nicht durchzudringen ist. Manchmal ist es wirklich die einzige Möglichkeit, sich durch stummes Handeln dem Zugriff des sich immer wieder umwendenden Orpheus zu entziehen. Aber öfter könnten vielleicht Beziehungen gerettet werden, wenn die Frauen sich früher, eindeutiger und unabweisbarer zur Geltung bringen würden.

Ich will nicht an ihrer Veränderungsfähigkeit zweifeln, aber es ist eine häufige Erfahrung, dass Orpheus-Männer tatsächlich nur durch solche bitteren Trennungserlebnisse lernen, sich nicht mehr umzuwenden, also den Versuch aufgeben, ihre Partnerinnen unter Kontrolle zu halten und sie wieder zu »ihrem Eigentum« zu machen. Es braucht für sie – zuweilen mehrmals – diesen Trennungsschmerz, und erst dieser Schmerz bewirkt, dass sie die eigene Ohnmacht annehmen und die Kontrolle loslassen. Erst wo das möglich wird, öffnet sich das Tor zur Liebe.

Der Schmerz der Trennung kann also heilsam sein. Beim mythischen Orpheus war er es, soweit wir es wissen, allerdings nicht. Was die mythischen Erzählungen berichten, legt nahe, dass er nach dem zweiten Verlust Eurydikes endgültig resigniert, in dieser Resignation erstarrt und daran zugrunde geht. Denn Orpheus geht keine Beziehung mehr zu einer Frau ein, er wendet sich einem asketischen und leibfeindlichen Kult zu und beginnt, diesen zu verbreiten. Das empfinden die Anhänger des orgiastischen Dionysos-Kultes als Konkurrenz und Bedrohung, und so wird Orpheus von den Mänaden, den wilden Begleiterinnen des Dionysos, in Stücke gerissen. – Es ist, als ob der Orpheus-Mythos auf eine große Gefahr aufmerksam machen wollte: Man kann ein großer Künstler, ein herzzerreißender Sänger, ein großer Könner und Held sein – und trotzdem an der Liebe scheitern.

# Othello und Desdemona

## Wann Eifersucht die Liebe zerstört – und wann sie sie schützt und belebt

*Worum es in diesem Kapitel geht*

*In früheren Zeiten gehörte Eifersucht zur Liebe – jedenfalls zur männlichen – wie das Brot zum Essen, und in südlicheren Ländern ist das heute noch der Fall. Bei uns ist Eifersucht seit den Achtundsechzigern in Verruf geraten – als gänzlich unangemessener Besitzanspruch, den man tunlichst aus der Liebe verbannen sollte. An Othellos Eifersucht auf Desdemona kann man sehen, wie und wodurch Eifersucht zerstörerisch wird, und in der Unterscheidung dazu wird auch deutlich, wann Eifersucht eine natürliche, ja sogar eine der Liebe dienliche Gefühlsreaktion sein kann.*

Das berühmte Drama von Shakespeare geht auf eine ältere italienische Erzählung zurück, über deren Herkunft wir nichts Genaues wissen.[13] Es handelt sich zwar dabei nicht um ein Märchen oder einen Mythos. Aber wie die vielen Vertonungen und die noch zahlreicheren Verfilmungen des Stoffes zeigen, hat dieses Paar die Künstler immer wieder beschäftigt und beim Publikum immer wieder ein hohes Maß an Resonanz gefunden. Der Grund ist zweifellos, dass wir bei Othello und Desdemona in archetypischer Ausprägung mit einem Gefühl konfrontiert werden, mit dem es – jedenfalls phasenweise – so gut wie jedes Paar zu tun bekommt: nämlich mit der Eifersucht.

## Nacherzählung des Dramas von Shakespeare

*Othello, ein »Mohr«, ist ein geachteter Feldherr im Dienste Venedigs. Er hat vor kurzem den jungen Cassio zum Leutnant befördert und dabei seinen Fähnrich Jago übergangen. Jago beschließt, sich an seinem Herrn zu rächen. Er hinterbringt dem Vater Desdemonas, dem Senator Brabantio, dass Othello seine Tochter heimlich zu seiner Frau gemacht habe. Brabantio ist außer sich. Er verklagt den Feldherrn vor dem Senat. Desdemona aber steht zu ihrer Liebe und wendet sich gegen den Vater. Dieser ist wütend auf sie. Der Fürst greift ein und bestätigt die Verbindung der Liebenden. Dann schickt er Othello – zusammen mit Desdemona – nach Zypern. Der Feldherr soll die Insel gegen die Türken verteidigen. In Zypern setzt Jago seine hinterhältigen Intrigen fort. Er macht Cassio betrunken und hetzt ihn gegen einen Kameraden auf. Der*

*Lärm des Zweikampfs lockt Othello herbei. Enttäuscht entlässt er Cassio aus dem Dienst. Jago rät dem jungen Leutnant, Desdemona um ein vermittelndes Wort zu bitten, und arrangiert es gleichzeitig so, dass Othello das Gespräch zwischen den beiden wie durch Zufall mithören kann. Desdemona ist von Cassios gutem Willen überzeugt und verspricht ihm, sich für ihn einzusetzen. Das deutet Othello als innere Zuneigung. Eifersucht beginnt ihn zu quälen, und um sie weiter zu schüren, fädelt Jago es so ein, dass Othello glauben muss, Desdemona hätte Cassio das Tüchlein geschenkt, das er ihr früher als Liebespfand anvertraut hat. Damit lodert Othellos Eifersucht zu flammendem Hass auf. Während Desdemona seinen bitteren Vorwürfen gegenüber hilflos ist (»Nur recht, wenn man mit mir so umspringt, ja, nur recht. Was war denn nur, mit welchem kleinsten Fehltritt konnt ich sein allerkleinstes Missfalln wecken?«), wütet Othello Jago gegenüber immer ungehemmter: »Verreck die geile Hur, verreck, verreck sie! Komm, gehen wir fort. Ich will mir irgendwo ein Mittel schaffen für den schnellen Tod der schönen Teufelin.« Taub für die Unschuldsbeteuerungen Emilias, der Zofe Desdemonas und Gattin Jagos, die er nur für eine Kupplerin hält, ist er nun zum Äußersten entschlossen: Desdemona muss sterben! In ihrem Bett erwürgt er sie. Angesichts der furchtbaren Tat kann Emilia nicht länger an sich halten, sie klärt alles auf und zwingt Jago, seine Intrigen zu gestehen. Doch es ist zu spät. Othello, in höchster Verzweiflung, Desdemona unschuldig gerichtet zu haben, ersticht sich und folgt ihr in den Tod.*[14]

Was Shakespeare uns an Othello vorführt, ist zweifellos ein krankhafter Eifersuchts-Wahn. Beim Lesen, Zuschauen oder Anhören (falls es sich um eine der gleichnamigen Opern von Verdi oder Rossini handelt) findet man es furchtbar und quälend, wie der schwarze Feldherr sich in diesen Wahn hineinsteigert, wie dieser mehr und mehr von ihm Besitz ergreift und wie er aus einem zärtlich Liebenden einen rasenden Wilden macht. Dennoch geht es mir immer wieder so, dass ein Stück meiner Sympathie bei Othello bleibt, jedenfalls in der From, dass ich trotz seiner Grausamkeit starkes Mitleid mit ihm empfinde. Seine Liebe zu Desdemona scheint mir bis zum Schluss vorhanden und auch irgendwie echt zu sein, und ich erlebe ihn ebenso stark als Opfer wie als Täter.

## Liebe ohne Eifersucht?

Was können wir von Othello und Desdemona über Eifersucht und Liebe lernen? Auch wenn es nicht immer mit Mord und Totschlag endet: Eifersucht kann sehr zerstörerisch sein. Es ist darum nur zu verständlich, dass immer wieder der Versuch gemacht wird, die Eifersucht aus der Liebe zu verbannen. Wenn ich eifersüchtig bin, betrachte ich den Partner dann nicht als Besitz? Ist Othello nicht der typische Vertreter einer patriarchalen Ordnung, der über seine Frau, ihre Gefühle und Regungen die totale Kontrolle zu besitzen beansprucht und der darum ausrastet, wenn er den Eindruck bekommt, dass sie sich dieser Kontrolle entzieht? Sieht man nicht an ihm zwar krass, aber psychologisch sehr genau, wohin das führt? Fast jeden Tag lesen wir in der Zeitung von Othello-ähnlichen Untaten, von Mord und Totschlag; und was sonst noch an Handgreiflichkeiten und verbalen Gewaltakten auf das Konto von Eifersucht geht, ist kaum zu ermessen. Wahre Liebe und Eifersucht scheinen sich nicht miteinander zu vertragen. Wenn du also eifersüchtig bist, dann gehe in dich, arbeite an dir und versuche, schleunigst dieses Gefühl los zu werden!

Aber geht denn das? Gibt es das, dass eine Liebe zwischen Frau und Mann ohne Eifersucht auskommt? Gibt es das, wenn die Gefühle sich einem Dritten zuwenden, dass dies keine Eifersucht wecken muss? Das würde ja bedeuten, jedenfalls dem idealen Anspruch nach, eine Liebesbeziehung zu einem Dritten großzügig zu tolerieren oder sogar gutzuheißen, so wie es sich die Marschallin in der Oper »Der Rosenkavalier« von Richard Strauß vorgenommen hat: ihren jungen Geliebten »lieb zu haben in der richtigen Weis'. Dass ich selbst seine Lieb' zu einer andern noch lieb hab«.[15] Aber ist das etwas Menschenmögliches? Bei der Marschallin in der Oper ist das möglich, weil sie als die viel ältere Frau »ihrem Bub« gegenüber mehr und mehr mütterliche Gefühle hegt, die die erotischen zu überdecken beginnen. Eltern können »die Lieb« ihrer heranwachsenden und sich ablösenden Kinder in dieser Weise »liebhaben« oder sollten es wenigstens können. Aber Partner? Entweder werden sie dann auch zu Quasi-Müttern, Quasi-Vätern ihrer Partner beziehungsweise Partnerinnen oder aber: Man ist am Partner/der Partnerin schon so wenig mehr interessiert, dass eine derartige Toleranz möglich wird. Das heißt aber: Mit der Partnerliebe ist das Tolerieren oder Gutfinden einer erotischen Liebe zu einem Dritten nicht vereinbar.

Wenn die Beziehung zu meinem Partner nahe und intim ist, wird Eifersucht sich melden als eine ganz natürliche Reaktion, und zwar dann, wenn diese Intimität und Nähe durch einen Dritten in Gefahr gerät oder verletzt wird. Das hat nichts mit Besitzanspruch zu tun, sondern ist die normale Reaktion auf die mögliche oder tatsächliche Verletzung des Intimitätsraumes, den ich zwischen dir und mir erlebe und von dem ich mir wünsche, dass er unversehrt bleibt. Es hat somit keinen Sinn, sich im Fall einer Außenbeziehung des Partners, weil dies ein Besitzanspruch wäre, die Eifersuchtsreaktion gewaltsam abtrainieren zu wollen, wie das manche Menschen versuchen, weil sie modern, tolerant und aufgeschlossen sein wollen. Damit werten sie sich nur selber ab und quälen sich unsäglich, anstatt die Kraft, die die Eifersucht mobilisiert, zu nutzen, um sich mit dem Partner, der sie verletzt, auseinanderzusetzen.

Das Gefühl von Eifersucht ist so gesehen ein Barometer der Liebe. Es zeigt beiden Partnern an, wann der Liebe Unwetter drohen, sodass man sich vorsehen muss – oft schon im Vorhinein, bevor etwas Handfestes passiert ist – wie eben auch der Zeiger des Barometers ins Schlechtwetterfeld rückt, schon bevor die Sonne am Himmel verschwunden ist. Die Eifersuchtsreaktion schützt also den Raum der Liebe. Wenn Othello äußerst aufmerksam reagiert, als er von einer Begegnung seines Hauptmanns Cassio mit seiner Frau erfährt und erste Anflüge von Eifersucht bei ihm spürbar werden, so ist das zunächst noch eine durchaus »normale« Reaktion.

## Eifersucht als Besitzanspruch

Aber damit hat es nicht sein Bewenden. Seine Eifersucht bekommt sehr bald eine Eigendynamik, die immer destruktiver wird, und zwar schon lange vor dem Mord. An was ist diese Eifersucht als eine krankhafte zu erkennen? Was unterscheidet sie von einer normalen Eifersuchts-Reaktion? Hier sind zwei Dinge zu nennen: erstens die Fantasien, die der Eifersüchtige sich macht, und die Art, wie er sie sich macht, und zweitens der Versuch, über den anderen Macht und Kontrolle auszuüben.

Beginnen wir mit dem Versuch, über den Partner Macht und Kontrolle auszuüben. Wir sind uns wohl alle darüber einig, dass die Tat Othellos auch dann zu weit gehen würde, wenn er mit seinen Vermutungen Recht hätte. In dieser Tat drückt sich nämlich tatsächlich die Überzeugung aus, dass ich die Verfügungsgewalt über die Gefühle und Handlungen des anderen haben muss. Bei Othello geht das ins äußerste, absurde Extrem: Er tötet Desdemona, weil er meint, anders sie und ihre – fantasierten – Gefühle nicht mehr unter seine Kontrolle bringen zu können. Tritt die Eifersucht also gekoppelt mit einem derartigen Besitzanspruch auf, der Verfügungsgewalt, Macht und Kontrolle über die Gefühle und das Handeln des anderen haben will, wird Eifersucht tatsächlich destruktiv und das Gegenteil von Liebe. Dass ich weine und vielleicht wütend schreie, wenn der Partner unseren Intimitätsbereich mit jemandem Dritten verletzt, das ist eine normale Reaktion der Liebe, die zeigt, dass es mir Ernst ist mit unserer Partnerschaft. Aber ich besitze den anderen nicht, darum kann ich ihn nicht »unter Kontrolle« bringen oder Gewalt gegen ihn ausüben wollen. Liebe darf, ja muss manchmal eifersüchtig sein, aber wenn sie versucht, Macht über den anderen auszuüben, zerstört sie sich selbst. Insofern ist Liebe immer »ohnmächtig«, sie kann den anderen und seine Gefühle nicht zwingen. Krankhafte Eifersucht akzeptiert diese Ohmacht nicht, sondern besteht darauf, den anderen zu zwingen.

Das Zweite sind die Eifersuchts-Fantasien. In Shakespeares Drama ist es Jago, der die Fakten – die Gespräche Desdemonas mit Cassio und das Tuch, das er in dessen Hände spielt – so arrangiert, dass daraus eine »lückenlose« Indizienkette für den Ehebruch der Frau zu entstehen scheint. Jago erscheint im Othello-Drama als eine Ausgeburt des Bösen schlechthin, so böse, dass man sich einen solchen Menschen gar nicht real existierend vorstellen kann. Psychologisch wird aber die Sache sehr plausibel, wenn wir Jago nicht als Person, als Offizier Othellos nehmen, sondern in ihm einen personifizierten Seelenanteil Othellos selbst sehen. So ist es nämlich: Im krankhaft Eifersüchtigen gibt es einen Seelenanteil, der immer stärker die Regie übernimmt und »mit Eifer« nach Beweisen der Untreue »sucht«, auch in Vorfällen, die absolut harmlos sind. Ein Teil in der eigenen Seele wird zum Indizien suchenden und arrangierenden Jago, der dem »Ich« des Eifersüchtigen immer wieder seine neuesten »Informationen« präsentiert, so wie es Jago Othello gegenüber tut. Da wird schon in jeden freundlichen Blick des Partners für einen anderen ein Seitensprung hineinfantasiert und die Zeit, in der er/sie allein ist, wird mit Vorstellungen von tollsten Liebesorgien ausgefüllt.

Typisch für krankhafte Eifersucht ist nämlich auch, dass dieser »Jago« – genau wie er es in unserem Stück tut – in immer üppigeren Fantasien ausmalt, was da passiert. Aus den ersten zaghaften Andeutungen wird immer mehr. Die Sprache Jagos wird immer eindeutiger und derber, und Othello selber fängt an, immer mehr diese Sprache zu gebrauchen. So ist es auch beim krankhaft Eifersüchtigen: Die Indizienkette, die er sich zusammenbaut, weist auf immer massivere Ereignisse hin, die er sich selbstquälerisch in den blühendsten Farben ausmalt.

Außerdem nehmen solche Fantasien zwanghafte Züge an. Dies ist im Drama Shakespeares ebenfalls deutlich: Jago lässt nicht mehr von Othello, immer ist er »im rechten Augenblick zur Stelle« und treibt ihn unbarmherzig der Katastrophe entgegen. Der Eifersüchtige kriegt die Fantasien nicht mehr los, sie besetzen sein Hirn und sein Herz und machen ihn regelrecht zu einem »Besessenen«, sodass – wie im Stück Desdemonas Beteuerungen – alle Gegenargumente nichts mehr nützen, um ihn von seiner Überzeugung abzubringen.

Wenn also derartige Phänomene zu beobachten sind, wenn der Eifersüchtige sich zwanghaft derartige Fantasie-Gebilde aufzubauen beginnt und wenn er daraus den Anspruch ableitet, den anderen zwingen oder strafen zu dürfen, dann ist Eifersucht keine notwendige und natürliche Begleiterscheinung von echter Liebe mehr, sondern ein krankhafter Zustand, der dann auch entsprechend therapeutisch behandelt werden muss. Oder um es bildhaft auszudrücken: Wenn ein »Jago« in unserer Seele sich annähernd so aufzuführen beginnt wie der Jago Othellos, dann muss schleunigst etwas gegen ihn unternommen werden, damit es nicht einen ähnlichen Ausgang nimmt wie im Drama.

## Woher kommt Eifersucht?

Allerdings bleibt dabei eine wichtige Frage, die uns im Verständnis der Eifersucht noch ein Stück weiterführen wird, weil sie uns verstehen lässt, womit derartige Eifersucht zusammenhängt: Othello ist zerstörerisch eifersüchtig, gewiss. Aber er liebt doch Desdemona auch, und diese Liebe scheint bis zuletzt noch da zu sein, obwohl er ihr so Schreckliches antut. Wie ist das mit dem Gesagten vereinbar? Was ist das für eine Liebe?

Shakespeare lässt Othello zu einer Zeit, da dieser die Treue seiner Frau noch kaum in Frage stellt, einen sehr wichtigen und erhellenden Satz zu Desdemona sagen: »Trotzköpfchen, reizendes! Verdammt sein will ich, aber ich lieb dich! Und wenn ich dich nicht liebe, *dann kehrt das Chaos zurück!*«[16] Von welchem Chaos ist hier die Rede? Ich kann es mir nicht anders erklären als: vom Chaos in seiner eigenen Seele. Desdemona und seine Liebe zu ihr garantieren also Ruhe, Ordnung, Stabilität in seiner Seele. Ohne die liebende Verbindung zu ihr bricht hier das Chaos aus, oder genauer: kehrt es wieder. Er kennt es also, dieses Chaos in seiner Seele, er hat es bereits erlebt, und er hat die Erfahrung gemacht, dass Desdemonas Liebe es gebannt hat. Hier ist der entscheidende Punkt. Denn damit charakterisiert Othello seine Liebe zu ihr als die Liebe eines hilflosen Säuglings zu seiner Mutter. Der Säugling ist ohne die liebende Fürsorge der Mutter dem Chaos seiner Gefühle und Körperreaktionen ausgeliefert. Er ist ohne Halt an ihr dem Untergang preisgegeben. Damit wird klar, dass Desdemona eine Stellung für ihn einnimmt, die eine Mutter für ein ganz kleines Kind hat – und die ein Erwachsener für einen Erwachsenen nie mehr einnehmen kann. Er hängt an ihr mit einer Liebe, die der Liebe eines Säuglings gleicht, die seinem Gefühl nach sein Überleben garantiert.

Das aber heißt: Othello liebt Desdemona tatsächlich bis zum schrecklichen Schluss. Diese Liebe ist auch tief und innig, ja existentiell. Aber es ist keine erwachsene Liebe. Es ist eine Liebe, die zwischen Erwachsenen nicht möglich ist und die darum scheitern muss. Hier finden wir die tiefste Wurzel krankhafter Eifersucht: Der Eifersüchtige ist deshalb so eifersüchtig, weil er eine derart totale Liebe beansprucht, dass der Partner/die Partnerin sie tatsächlich nicht – jedenfalls nicht auf Dauer – geben kann, weil sie nur möglich ist zwischen der Mutter und dem ganz kleinen Säugling. Alles, was der Partner/die Partnerin gibt, muss somit immer zu wenig, nicht echt, vorgetäuscht und so weiter sein, und die »wirkliche« Liebe, so fantasiert der Eifersüchtige, bekommt ein anderer ...

Bei krankhafter Eifersucht müssen wir also fragen: Was hat der Eifersüchtige als Kind erlebt? Wenn man dieser Frage nachgeht, stellt sich in unterschiedlichsten Variationen immer wieder heraus: Er hat schlimme Erfahrungen mit seinen frühesten Beziehungen gemacht. Er war ein alleingelassenes, vernachlässigtes, ja verratenes Kind, dem andere vorgezogen worden sind. Die ganze unerfüllte Beziehungssehnsucht von damals richtet sich nun auf den Partner, und sie kippt an ihm dann auch sehr leicht um in jene tiefe Kränkung von damals. Damit wird die Eifersuchtstragödie von heute sichtbar als eine »Re-Inszenierung« des Beziehungsdramas von damals, eines Beziehungsdramas, das der Eifersüchtige in seiner Herkunftsfamilie erlebt hat. Er besteht – wie damals das Kind der Mutter gegenüber – auf der unbedingten Liebe des Partners, und er »erkennt« in irgendwelchen nichtigen Anlässen die Anzeichen, dass er – wie damals – um diese Liebe betrogen wird. Und er reagiert darauf mit Schmerz, Wut und Hass – wie damals, nur mit dem Unterschied, dass er damals als kleines Kind ohnmächtig war, jetzt aber nicht mehr, und darum spielt er seine »Macht« jetzt in Zwangs- und Strafaktionen aus, um zu erzwingen, was ihm scheinbar von neuem vorenthalten wird.

Psychologisch gesehen könnte man somit eine ganz positive Sichtweise für Jago bekommen. Denn er bringt das Unrecht zur Sprache. Er ist nichts anderes als der Anwalt des verratenen, gekränkten inneren Kindes, ja vielleicht sogar dieses »böse gewordene« innere Kind selber, das die überführen will, die ihm Unrecht getan haben. Allerdings richtet er den Verdacht auf die Falschen, und sein Problem lässt sich überhaupt nicht mit Anklage und Aufhetze bewältigen. Der »innere Jago« bräuchte also jemanden, der seinen Schmerz erkennt, ihn widerspiegelt, mit ihm an die eigentlichen Urspünge geht und durch Mitgefühl seine Destruktivität in lösenden Schmerz verwandelt ...

Bei Shakespeare erfahren wir über solche Zusammenhänge nichts, sie waren damals noch nicht bekannt. Aber möglicherweise hat der Dichter schon etwas davon geahnt. Denn er stellt im Stück die schwarze Hautfarbe des »Mohren« immer wieder als einen Makel dar, als etwas, das ihn – trotz seiner hohen und angesehenen Stellung als Feldherr – zum Außenseiter stempelt. Und er lässt ihn sogar vermuten, dass dieser Makel mit einen Grund für die Untreue Desdemonas darstellt. Die schwarze Hautfarbe wird bei Shakespeare etwas, das Othellos Selbstwertgefühl verwundet. Es fehlt ihm etwas, das ihm ein selbstverständliches Vertrauen in sich und die anderen geben könnte. Es ist, als wäre in diesem »Makel« symbolisch ausgedrückt, was wir bei dem krankhaft Eifersüchtigen auf der psychischen Ebene immer feststellen müssen: dass er »einen Makel« hat, dass ihm etwas »Grund-legendes« vom Anfang seines Lebens her fehlt, was er im späteren Partner mit »Eifer sucht«, süchtig sucht, was er bei ihm aber nicht finden kann, sodass er es, weil er es so dringend bräuchte, mit Gewalt zu erzwingen versucht.

Vielleicht ist dies auch der tiefste Grund, dass wir mit Othello auch Mitleid fühlen, trotz allem, was er Schreckliches tut. Wir sind berührt von dieser Suche nach Liebe, die das Chaos bannen könnte, weil es – auf der Ebene des Kindes gesehen – ein zutiefst berechtigtes Bedürfnis ist, diese Liebe zu erfahren. Aber natürlich ist die Partnerin, ist Desdemona damit überfordert, auch wenn ihre Liebe noch so rein, noch so eindeutig und für jeden Außenstehenden über jeden Zweifel erhaben ist. Das müssten sich alle Partner von krankhaft Eifersüchtigen sagen: Ich kann ihn/sie noch so eindeutig lieben, mich noch so sehr anstrengen – es ist nicht das, was er/sie sucht. Es liegt auf einer anderen Ebene. Hier ist der Therapeut gefragt, nicht der Liebespartner. Der krankhaft Eifersüchtige verdient Mitgefühl, aber »gesundlieben« kann ihn der Partner nicht. Er steht – wie Desdemona – damit auf verlorenem Posten.

## Projektionen

Noch etwas fällt an Othello auf, das uns bei Eifersüchtigen begegnet und das uns die krankhafte Eifersucht ein Stück mehr verstehen lässt. Othello wird – wie bereits erwähnt – in seinen Fantasien darüber, was Desdemona tut, im Laufe des Dramas immer vulgärer und ausschweifender. Das Bild von Desdemona, das er anfangs hat, ist fast das Bild einer Heiligen. Es verändert sich mit fortschreitendem Wahn immer mehr zum Bild einer Hure. Dadurch erscheinen ihm sein Hass und sein Strafbedürfnis immer wieder neu und immer mehr gerechtfertigt zu sein. So wie Othello schwelgen alle krankhaft Eifersüchtigen in »schmutzigen Fantasien«, die sich freilich alle auf den anderen beziehen. Wie kommt das, und welcher psychische Mechanismus steckt dahinter?

Man fragt sich: Wird da nicht etwas verdreht? Könnte es sein, dass die sexuellen Ausschweifungen, die er dem anderen andichtet, vielleicht die Wünsche des Eifersüchtigen selbst sind? Wünsche, die er sich nicht zugesteht, die aber in seiner Seele rumoren? Der Eifersüchtige hat keine gesunde, von Liebe begleitete Entwicklung durchmachen können. Wie sollte er da mit der eigenen inneren Trieb-Welt im Reinen sein? Auch hier – in dieser seiner Trieb-Welt – herrscht Chaos. In der Darstellung Shakespeares ist Othello als »Mohr« gemäß der damaligen Weltsicht und nach damaliger Auffassung »ein Wilder«. Er ist zwar jetzt ein angesehener Feldherr, aber »dahinter« immer noch ein »Wilder«, und seine Wildheit bricht ungezügelt durch, sobald sein Feldherrn-Image durch die Intrige Jagos angekratzt wird. So ist jeder krankhaft Eifersüchtige seelisch ein »Wilder«, er hat sein inneres Trieb-Chaos nicht gebändigt, er hat es verdrängt, er hat es wie Othello hinter einem ansehnlichen Äußeren nur versteckt. Und wie das immer bei Verdrängtem ist: Aus dem Untergrund drängt es hervor, drängt es ins Bewusstsein, will beachtet sein. Weil das aber bedrohlich ist, setzt ein Mechanismus ein, der in der Psychologie Projektion genannt wird: Man hängt das bedrohlich Schmutzige, Unerlaubte, Unanständige dem Partner an und beginnt, es an ihm zu bekämpfen, indem man ihn deshalb zur Rede stellt, indem man ihn deshalb kritisiert, indem man ihn dafür bestraft. Damit entlastet der Eifersüchtige zwar die eigene Seele, jedenfalls vorübergehend, aber die schrecklichen Folgen, die das hat, werden in drastischer Weise am Beispiel Othellos deutlich: Es beginnt ein Verfolger-Täter-Opfer-Spiel, das nur noch destruktiv enden kann.

Das heißt: Es ist sehr wahrscheinlich, dass das, was der Eifersüchtige seinem Partner andichtet, Spiegelungen seiner eigenen ungeordneten und nicht integrierten Sexualität sind. Was er vom anderen fantasiert, ist in erster Linie sein eigenes Problem. Der Partner soll sich dadurch nicht verwirren lassen, selbst dann nicht, wenn er nicht von sich sagen kann, dass seine Liebe so über alle Zweifel erhaben ist wie diejenige, die Shakespeares Desdemona Othello entgegenbringt.

Desdemona wird von Shakespeare als makellose Frau dargestellt und als solche lässt er sie auf Othellos Eifersucht immer ziemlich sanft und zurückhaltend reagieren. Aber hier hat er, vermutlich ohne es zu wollen, einen großen Fehler Desdemonas dargestellt: Sie wehrt sich zwar, aber sie tut es recht schwach. Sie setzt der Kraft seiner Projektionsdynamik damit nichts entgegen. Othello kann das nur wieder als neuen Beweis ihrer Untreue interpretieren. Darum tut der Partner des wahnhaft Eifersüchtigen gut daran, schärfere Geschütze als Desdemona aufzufahren, sonst bringt er sich nur zusätzlich in Verdacht. Sich mit aller Kraft und Klarheit von den Unterstellungen des anderen abzugrenzen, sie klar und heftig zurückzuweisen, ist für den Eifersüchtigen hilfreicher, als verstehende sanfte Zurückhaltung. Die klare Abgrenzung verweist ihn nämlich auf sich selbst zurück: Und hier, bei sich selbst, in der eigenen Seele, beim eigenen inneren »Jago« muss angesetzt werden, damit ein Ausweg gefunden wird.

## Grundlose Eifersucht?

In Shakespeares Drama klagt Desdemona über Othellos Eifersucht: »O Herrgott, nein! Ich gab ihm keinen Grund!« Darauf ihre Zofe Emilia: »Eifersüchtige sind nicht aus Gründen eifersüchtig. Sie sind eifersüchtig aus Eifersucht. Die Eifersucht ist ein Ungeheuer, das sich selbst zeugt und aus sich selbst gebiert.«[17] – Die Eifersucht, ein Ungeheuer, das sich selbst zeugt und aus sich selbst gebiert? Ja, so scheint es, wenn man sie auf den bezieht, dem sie gilt. Angesichts der Gefühle und Verhaltensweisen Desdemonas scheint sie tatsächlich ihren Grund nur in sich selbst zu haben. Aber wenn man die Geschichte des krankhaft Eifersüchtigen in die Betrachtung mit einbezieht, wie wir es getan haben, lässt sich diese Aussage Emilias nicht aufrecht erhalten. Gezeugt und geboren wird die Eifersucht durchaus in einem und durch ein Beziehungs-Geschehen, nämlich durch die kränkenden Beziehungserfahrungen des kleinen Kindes in seiner Ursprungsfamilie. Damit ist krankhafte Eifersucht meist nicht ein Wahn im strengen Sinn, sondern sie hat ihre psychischen Ursachen, die behandelt werden können und müssen. Zutreffend ist die Aussage der Kammerfrau Desdemonas also nur insofern, dass es nicht Desdemona ist, die »Schuld« an Othellos Eifersucht hat.

Das könnte nun allerdings Anlass zu neuen Missverständnissen geben. Denn es gibt neben krankhafter Eifersucht durchaus auch heftige Eifersuchtsattacken, an denen der Partner zwar zunächst so schuldos wie Desdemona zu sein scheint, dies aber bei genauerem Hinsehen keineswegs ist. Das heißt, die Beziehung und der Partner können bei »grundlos« erscheinender Eifersucht durchaus – als Ursache, Auslöser oder Verstärker – auch eine Rolle spielen, die aber zunächst verborgen bleibt. Es empfiehlt sich also doch auch wiederum, auch bei »grundlos« erscheinender Eifersucht, die Sache nicht sofort oder jedenfalls nicht ganz und gar dem Eifersüchtigen und seiner Vergangenheit in die Schuhe zu schieben und ihn sofort als »krankhaft eifersüchtig« zu diagnostizieren. Denn der Partner und der Zustand der derzeitigen Beziehung können sehr wohl für Eifersucht mit verantwortlich sein, entweder dafür, dass die Eifersucht daran einen »Aufhänger« findet, oder auch dafür, dass überhaupt eine Eifersuchtsreaktion ausgelöst wird, die gar nichts mit »krank« zu tun hat, sondern durchaus angemessen erscheint.

Nachdem ich also bisher den Partner des Eifersüchtigen zu entlasten versucht habe, ist es mein Anliegen in diesem Abschnitt, auch »die andere Seite« deutlich zu machen: Der »nicht-eifersüchtige« Partner sollte sich – trotz des Gesagten – auch wiederum nicht zu schnell aus der Verantwortung herausziehen. Sogar in Shakespeares Drama, das Desdemona und ihre Liebe zu Othello über allen Zweifel erhaben darstellt, sind dafür einige Hinweise zu finden, die bedenkenswert erscheinen.

Wenn Othello eifersüchtig wird, heißt das ja, dass seine ihm von Jago eingepflanzten Untreue-Fantasien stärker werden als sein Gefühl von Beziehungs-Sicherheit zu Desdemona. Für die Entstehung von Eifersuchtsfantasien spielt – bei allem, was der Eifersüchtige in seiner Kindheit erlebt haben mag – auch das Gefühl von Sicherheit oder Unsicherheit in der gegenwärtigen Beziehung eine Rolle. Und hier gibt es tatsächlich Hinweise auch im Shakespeare-Stück, dass eine gewisse Beziehungs-Unsicherheit zwischen Othello und Desdemona vorhanden ist, die für das Aufflackern seiner Eifersucht mit verantwortlich ist. Dieselbe Beziehungs-Unsicherheit finden wir auch oft bei heutigen Paaren, die sich mit Eifersucht quälen.

Als Erstes fällt auf, worauf ich bereits hingewiesen habe: Desdemona reagiert gegenüber Othellos Vorwürfen immer relativ schwach. Ich finde Ähnliches häufig bei Frauen: Sie lassen sich durch die Eifersüchteleien des Partners in die Defensive drängen, zum Beispiel weil sie sich innerlich Vorwürfe machen, sie würden den Partner »nicht stark genug« lieben. Auf jeden Fall reagieren sie auf seine Vorwürfe mit Verstummen und Rückzug und bleiben sanft wie Desdemona das ganze

Drama hindurch. Dadurch lassen sie ihn aber »sein Rad weiterdrehen«. Sie machen sich nicht unmissverständlich deutlich. Damit erlebt der andere sie nicht als wirkliches Gegenüber. Sie weichen zurück, statt sich dem anderen in den Weg zu stellen. Wenn der andere sie aber nicht deutlich spürt, spürt er auch die Beziehung nicht – und das wiederum kann das Einfallstor neuer und heftigerer Eifersuchts-Fantasien und -Gefühle sein. Die Frage, die der Partner des Eifersüchtigen sich stellen sollte, lautet hier: Bin ich dem anderen ein ausreichend spürbares Gegenüber? Oder ziehe ich mich zurück, verstumme, nehme zu viel Rücksicht, stehe zu wenig hin?

Ein zweiter Punkt: Giuseppe Verdi lässt in seiner gleichnamigen Oper Othello und Desdemona am Ende des ersten Aktes ein langes Liebesduett singen, eines der schönsten und innigsten der ganzen Opernliteratur. Dies lässt einen wichtigen Unterschied zu Shakespeares Darstellung klar hervortreten: Bei ihm haben die beiden kein einziges Mal so viel miteinander zu tun. Sie haben so gut wie überhaupt keine Zeit mit- und füreinander. Immer werden sie unterbrochen. Immer kommt etwas dazwischen, immer wird das Zusammensein der beiden gestört, und zwar meist wegen der beruflichen Aufträge seines Vorgesetzten, des Dogen von Venedig, die Othello auszuführen hat. Sein Beruf geht immer vor. Die Pflege der Beziehung zieht immer den Kürzeren. Ähnliches kann auch Grund dafür sein, dass die Beziehung unsicher wird. Man spürt sich nicht mehr – und bei einem der beiden flammt Eifersucht hoch: weil ihre Beziehung für sie nie eine tragende Realität wird. Immer ist die Arbeit wichtiger (die Aufträge des »Fürsten«!), oder die Familien-Organisation oder sonst etwas – und das Paar verliert sich aus den Augen. Das provoziert die Entstehung von Eifersucht, bietet ihr mindestens »den Aufhänger«, vor allem natürlich dann, wenn entsprechende Vorerfahrungen in der Herkunftsgeschichte vorhanden sind. Die Frage würde hier lauten: Geben wir beide unserer Paarbeziehung im Alltagsgetriebe genügend Gewicht, genügend Zeit, genügend Raum?

Auf diesem Hintergrund wird auch etwas verständlicher, dass Othello das Zusammentreffen seines Hauptmanns Cassio mit seiner Frau als einen ersten konkreten »Beweis« ihrer Untreue wertet, auch wenn es natürlich kein ausreichender Grund ist. Wenn Othello sich mit Desdemona so wenig, wie es bei Shakespeare dargestellt ist, als Liebespaar spürt, ist es kein Wunder, dass seine sexuellen Fantasien nach draußen driften – in diese andere, wenn auch völlig harmlose Begegnung, hinein. Dazu kommt, was hier aus dem alltäglichen Leben zu ergänzen ist, auch wenn es in Shakespeares Stück nicht vorkommt: Ähnliche Treffen des Partners mit anderen Männern und Frauen sind oft keineswegs so harmlos und »unschuldig« wie das von Cassio und Desdemona. Auch wenn man mit dem anderen nicht ins Bett geht, kann es sein, dass es in solchen Begegnungen erotisch nur so funkt und knistert. Das spürt der andere, wird eifersüchtig und bekommt zur Anwort: »Da ist doch gar nichts! Du spinnst wohl! Was sollte denn da sein?!« Aber der Eifersüchtige spürt, »dass da was ist«. Er reagiert auf das »Spiel mit dem Feuer«. Weil das aber abgeleugnet wird, fängt er an, weiterzufantasieren und weitere »Beweise« zu suchen. Es wäre hier besser, dem anderen gegenüber offen zu sein, zum Beispiel etwa auf diese Weise: »Ja, es ist wahr, der macht mich ungeheuer an, und wenn wir so wenig Zeit haben miteinander und so wenig miteinander zärtlich sind, dann kann es durchaus sein, dass ich bald mit ihm ins Bett steige!« Eine solche Aussage würde die wahre Realität auf den Tisch bringen, die Auseinandersetzung mit der eigenen Beziehung und ihrer Qualität in Gang setzen – und dann hätte die Eifersucht ihren sehr guten Sinn gehabt: als Schutz vor der Bedrohung der Liebe, wie wir oben gesehen haben.

Schließlich ist an Shakespeares Darstellung noch eine wichtige Beobachtung zu machen: Das Drama beginnt mit einer Szene, die in Verdis Oper fehlt, sodass man – wiederum durch den Unterschied – auf sie besonders aufmerksam wird. In dieser Szene stehen Desdemonas Vater Brabantio und seine rabiate Missbilligung der Beziehung seiner Tochter zu Othello im Mittelpunkt. Desdemona grenzt sich – für die damalige Zeit erstaunlich direkt – klar und eindeutig von dieser Kritik ab und steht zu Othello. Das ist eindrucksvoll und soll im Zusammenhang der Shakespeare'schen Darstellung die Eindeutigkeit von Desdemonas Liebe zu ihrem Gatten demonstrieren. Aber trotzdem bleibt ein ungutes Gefühl. Denn des Vaters Einwände werden erst durch die Intervention des Fürsten zum Schweigen gebracht. Es kommt zu keiner Versöhnung mit ihm. Am Schluss wird gemeldet, dass Desdemonas Vater aus Gram über die Verbindung gestorben sei. Es ist also zwischen ihm und Desdemona zu keiner »guten Ablösung« gekommen.

Natürlich will ich hier nicht der magischen Vorstellung das Wort reden, dass über einer Beziehung, die die Eltern nicht gutheißen, ein ins Verderben führender Fluch hängt. Aber psychologisch hat diese magische Vorstellung einen wahren Kern: Der bleibende Widerstand, die bleibende Abneigung der Eltern gegen eine Verbindung ihres Kindes mit einem anderen Partner ist eine Hypothek für die Beziehung. Meist zeigt sich nämlich in dieser Unversöhntheit der Eltern auch ein Problem ihres – erwachsenen – Kindes: dass nämlich die

Tochter (in unserem Fall) oder der Sohn nicht von ihnen abgelöst ist. In der fast schnippischen Art, wie Desdemona ihren Vater »stehen lässt«, könnte eine solche »Gegenabhängigkeit« zum Ausdruck kommen, eine Abhängigkeit mit negativen Vorzeichen, die sich in einer Trotzhaltung verhärtet hat, aber ebenso Abhängigkeit bedeutet wie ein »positives« Hängen an den Eltern.

Ob dies nun bei Desdemona wirklich so ist oder nicht, sei dahingestellt, aber auf jeden Fall steht fest: Ein Partner, der als »braves« oder als »trotziges« Kind noch innerlich an seinen Eltern hängt, ist für den anderen als Liebespartner nicht frei. Ohne dass es äußerlich einen Anlass geben müsste, fühlt der andere darum, dass er für ihn nicht wirklich »zu haben« ist, dass sein Herz noch woanders hängt, und das aktiviert unter Umständen seine – im einzelnen durchaus unangemessenen – Eifersuchtsfantasien. Auch das könnte ein wichtiger Grund »grundloser Eifersucht« sein. Die Frage könnte hier lauten: Was signalisiert mir die Eifersucht meines Partners hinsichtlich meiner eigenen Abhängigkeit von meinen Eltern und damit hinsichtlich meiner Fähigkeit, frei für die Liebe zu ihm als einem erwachsenen Partner zu sein?

Freilich bleibt gerade hier anzumerken, und das gilt für alle Überlegungen dieses Abschnitts: Der Partner des Eifersüchtigen sollte sich solche Fragen stellen, aber es damit auch wiederum nicht zu weit treiben und sich damit völlig verrückt machen. Es gilt, sich einen ehrlichen und klaren Blick zu bewahren: Wo wirke ich mit daran, dass der andere eifersüchtig wird, und wo ist es wirklich »sein Problem«, mit dem ich nichts oder nur sehr wenig zu tun habe? Die Antwort darauf lässt sich nicht immer leicht finden. Es gibt aber, wie wir gesehen haben, Gesichtspunkte, die man bedenken kann und die zu einer Klärung beitragen können.

## Heilsame Eifersucht

Eifersucht kann eine natürliche Reaktion auf die Gefährdung der Liebe sein. Eifersucht kann krankhaft sein. Eifersucht kann in der Seele und der Geschichte des Eifersüchtigen selbst ihren Ursprung haben. Aber Eifersucht kann auch Gründe in der jetzigen Beziehung haben und damit wichtige Fragen an die Partnerschaft stellen. Und noch ein Allerletztes: Eifersucht kann auch sehr inspirierend und heilsam für eine Beziehung sein. Diese mögliche letzte Funktion der Eifersucht taucht in Shakespeares großem, tragischen Drama nicht auf, wir begegnen ihr eher in vergnüglichen, manchmal etwas frivolen Boulevard-Komödien: Wenn nämlich einer der Partner den anderen bewusst eifersüchig macht, um ihn aus seiner Lethargie herauszureißen. Ich erlebe das immer wieder: Bei einem Mann bahnt sich eine Außenbeziehung an – und plötzlich wird seine Frau, die seit einiger Zeit jeder Intimität ausgewichen ist, sexuell wieder lebendig. Plötzlich spürt sie wieder ihr eigenes Verlangen und erlebt – zu ihrem eigenen höchsten Erstaunen – wieder oder sogar erstmals intensive Sexualität mit ihrem Mann. Oder eine Frau schwärmt von einem Arbeitskollegen und trifft sich – natürlich »ganz harmlos« – mit ihm in der Kneipe. Und siehe da, ihr Mann, dem das Bier und der Fernseher in letzter Zeit viel wichtiger geworden sind als alles, was am Abend sonst noch hätte laufen können, schaltet an diesem Tag den Kasten nach den Nachrichten aus, macht ihr plötzlich Komplimente und will wieder mit ihr schmusen ...

In diesem Sinn lässt sich Eifersucht auch nutzen, um »müde Männer – und Frauen – wieder munter zu machen«. Sicher ist dieses »Spiel« mit der Eifersucht nicht ganz ungefährlich. Manchmal aber kann es auch sehr heilsam sein: Weil es die Liebe wieder belebt.

# Der Fischer und seine Frau

## Womit er Ilsebill zufriedenstellen könnte, ohne sich selbst zu verlieren

*Worum es in diesem Kapitel geht*

*Er bemüht sich sehr, er tut (fast) alles für sie, aber irgendwie ist es immer nicht recht. Nie ist sie wirklich zufrieden. So wie Ilsebill. Ist sie so unersättlich? Oder will sie – vielleicht ohne es selber so genau zu wissen – etwas ganz anderes? Vielleicht sogar etwas viel weniger Aufwändiges als Schlösser und Paläste? Die unzufriedene Frau und der doch so gutwillige Mann – ein häufiges Beziehungsmuster! Es lohnt sich, am Märchen vom Fischer und seiner Frau etwas darüber zu lernen, wie beide Partner an der Unzufriedenheit der Frau beteiligt sind.*

Vor einiger Zeit habe ich in der Zeitung von einer wissenschaftlichen Umfrage gelesen, welche die Gemütslage von Frauen erfassen sollte, die in fester Bindung lebten, um sie mit der Gemütslage von allein lebenden Frauen zu vergleichen. Das bemerkenswerte Ergebnis lautete: Frauen in festen Bindungen sind zu einem viel höheren Prozentsatz depressiv als ihre »bindungslosen« Geschlechsgenossinnen! »Unter die Haube zu kommen«, scheint heutzutage das weibliche Glück keineswergs mehr zu garantieren. Im Gegenteil: Frauen sind in großer Zahl unzufrieden mit ihren Partnerbeziehungen. Die Männer reagieren darauf eher hilflos. Oft höre ich: »Ich für mich habe kein Problem. Mein einziges Problem ist, dass meine Frau ein Problem hat ...« So versuchen sie halt, »es ihr recht zu machen«, aber es nützt nicht viel, die Unzufriedenheit nimmt meist nicht ab, sodass sie schließlich genervt das Handtuch werfen und sagen: »Ich kann tun, was ich will, es passt ihr nie!« Das ist genau die Situation, die im Märchen vom Fischer und seiner Frau dargestellt ist. Da ist auch ein Mann, der es seiner Frau immer recht machen will, aber es nützt nichts, sie wird immer unzufriedener: »Meine Frau, die Ilsebill, will nicht so, wie ich es will!« Insofern scheint das Beziehungsmuster, das uns hier in extremer Ausprägung vorgeführt wird, durchaus auch für heute interessant zu sein.[18]

## Nacherzählung des Märchens vom Fischer und seiner Frau

*»Es war einmal ein Fischer und seine Frau, die wohnten zusammen in einem Pisspott nahe an der See.« Eines Tages fing der Fischer einen großen Butt. Er staunte aber nicht schlecht, als der Butt anfing mit ihm zu sprechen: Er sei ein verwunschener Prinz und bitte den Fischer, ihm doch wieder die Freiheit zu geben. Der Fischer warf ihn zurück in die See. Zu Hause erzählte er seiner Frau Ilsebill von dieser merkwürdigen Begegnung. »Hast du dir denn nichts gewünscht?« fragte sie sofort und drängte den Fischer, wieder zurück zu gehen und von dem Butt zu verlangen, ihren alten Pisspott in ein kleines Häuschen zu verwandeln. Und wirklich wohnten die Eheleute von nun an in einem schmucken Häuschen und hatten ein leichteres Leben. Aber nicht lange darauf war die Frau nicht mehr zufrieden und wünschte sich ein Schloss. Als der Fischer ihrem Drängen schließlich nachgab und den Butt anrief, war das Wasser drohend dunkel gefärbt. Der Butt gewährte ihm aber den Wunsch. Allein, die Frau gab immer noch keine Ruhe. Wenn sie schon in einem Schloss wohnte, wollte sie nun auch König werden. Grauschwarz, brodelnd und stinkend empfing die See den Fischer, dennoch bekam Ilsebill, was sie verlangte. Noch dreimal musste der Fischer hinaus, obwohl ihn beim Anblick der schäumenden See mehr und mehr das Grauen packte. Ilsebill wollte Kaiser werden, dann Papst, schließlich wollte sie gar sein wie der liebe Gott. Da wurde es dem Butt zu bunt und aus einer sturmgepeitschten See tönte dem Fischer entgegen: »Geh nur, sie sitzt schon wieder in dem alten Pisspott.« Und da sitzen sie noch bis auf den heutigen Tag.*

## Eine überholte Geschichte?

Im Hintergrund dieses Märchens steht zweifellos das »vormoderne Weltbild«, nach dem jeder nur in »seinem« Stand, das heißt in dem Beruf und in der sozialen Schicht, in die er hineingeboren wurde, glücklich werden kann – gemäß dem alten Sprichwort: »Schuster, bleib bei deinem Leisten!« Übertragen auf das Ehepaar des Märchens heißt das: »Fischer, bleib in deinem Stand und Ilsebill in deinem Pisspott!« – alles andere ist Hybris! Dieses statische Weltbild war darüber hinaus patriarchal, das heißt männlich dominiert. Die Männer waren Hüter der Ordnung, der »ständischen« Ordnung sowie derjenigen der Geschlechter. Von den Frauen wurde erwartet, was Haydn in seinem Oratorium »Die Schöpfung« seine Eva (vor dem Sündenfall!) singen lässt: »O du (Adam), für den ich ward! Mein Schirm, mein Schild, mein All! Dein Will' ist mir Gesetz. So hat's der Herr bestimmt, und dir gehorchen bringt mir Freude, Glück und Ruhm.«[19] Verstieß eine Frau gegen dieses Glück, war sie ein Störenfried wie Eva ein wenig später im Schöpfungsbericht in der Geschichte mit dem Apfel oder wie – in ihrer Nachfolge – die Nixen und Sirenen, die den Mann »in die Tiefe ziehen«, wie wir gesehen haben. Ilsebill ist in der Sichtweise des Märchens eine typische Tochter Evas (nach dem Sündenfall!), die den Mann mit ihrer Unmäßigkeit verführt und die schließlich folgerichtig zur Tochter Satans wird, die in ihrer luziferischen Hybris mit ihrem letzten Wunsch »sein will wie Gott«. Das Märchen warnt vor dieser Gefahr weiblicher Unmäßigkeit und mahnt die Männer: Wehret den Anfängen! Widersteht entschieden der Begehrlichkeit eurer Frauen, damit es euch nicht ergeht wie dem Fischer, dem sie über den Kopf wächst und der vollständig die Kontrolle über sie verliert.

Dieser »Lösung« des Problems können wir heute nicht mehr zustimmen, auch wenn so mancher geplagte Mann die geheime Neigung in sich verspüren mag, dies zu tun. Müssen wir das Märchen – trotz aktueller Problemstellung – doch beiseite legen? Ich meine nein. Mindestens eines sollte uns auch diese Geschichte, wie schon mehrere andere, die wir bisher betrachtet haben, wieder zu bedenken geben:

Die patriarchale Ordnung wird hier noch ungebrochen im Brustton der Überzeugung vertreten: Der Mann hat zu bestimmen und zu handeln. Die Frau hat sich anzupassen und zu dienen. Davon ist unsere gesamte gesellschaftliche, religiöse und künstlerische Tradition durchtränkt. Darum müssen wir – bei allen heutigen Beziehungsidealen der Gleichwertigkeit und Gleichberechtigung – auch immer damit rechnen, dass diese patriarchale Einstellung noch tief in uns steckt, in den Seelen der Männer und Frauen sowie in den Strukturen unserer Gesellschaft und Arbeitswelt, auch wenn in Worten und Deklarationen etwas ganz anderes vertreten wird. So ist es ein mühsamer Lernprozess, sich daraus zu befreien und zu einer tatsächlich ebenbürtigen Form des Zusammenlebens zu kommen! Wir brauchen darum Geduld mit uns selbst und mit unseren Partnern, wenn das Bemühen um Gleichwertigkeit von Mann und Frau nicht immer die gewünschten Erfolge zeitigt.

Aber das scheint mir nicht der einzige Lerngewinn aus dem Märchen zu sein. Wenn man es nämlich aufmerksam und mit heutigen Augen liest, dann werden »hinter« und »unter« der patriarchalen Botschaft durchaus auch noch andere Dinge deutlich, die uns in eine ganz andere Richtung weisen. Je länger ich mich mit dem Märchen beschäftigt habe, um so mehr hat sich seine Botschaft für mich verändert und aktualisiert. Auf diesen Weg der Neuentdeckung des Märchens bitte ich nun meine Leser und Leserinnen mir zu folgen.

## Fantasie und Realismus

Irgendwann ist mir aufgefallen, was ich hier an den Anfang stellen möchte: Die Frau – Ilsebill – hat einen Namen, der Mann wird immer nur mit seiner Funktion bezeichnet. Er ist der Fischer. Weist vielleicht das schon auf einen wichtigen Unterschied zwischen den beiden hin, der manches, was später folgt, verständlich macht? Ilsebill hat etwas ausgeprägt Individuelles. Bedeutet dagegen die »Namenlosigkeit« des Fischers, dass er als Person hinter seiner Funktion, hinter seiner Arbeit verblasst, vielleicht sogar verschwindet? Das erinnert mich an einen häufigen Unterschied zwischen Frauen und Männern, denen ich in der Paartherapie begegne.

Könnte das nicht zu tun haben mit dem ersten Dialog, den das Märchen berichtet und den solche Paare in ähnlicher Lage gerade so führen könnten? Da löst die Information über den sprechenden Fisch, den verwunschenen Prinzen bei Ilsebill sofort die Frage aus: »Hast du dir denn nichts gewünscht?« Und der Fischer antwortet: »Was sollte ich mir wünschen?« Dass man sich von einem sprechenden Fisch etwas wünschen könnte, auf die Idee ist der Fischer nicht gekommen. Er ist offenbar Realist. Ein sprechender Fisch ist ihm nur unheimlich, er will ihn so schnell wie möglich wieder los sein und wieder zu seinem »normalen« Tagesablauf zurückkehren. Ilsebill reagiert da ganz anders. Der verzauberte Fisch lässt sie sofort über ihre Pisspott-Realität hinausfantasieren. Er ruft in ihr die Vision von einem ganz anderen Leben hervor: »Du hättest uns doch ein hübsches Häuschen wünschen können ...« Der Fischer kommt da nicht mit. Er ist offenbar wunschlos. Wunschlos glücklich? Erstaunlich bei dem »Pisspott«, den beide bewohnen! Hat er sich seine Wünsche nie bewusst gemacht, oder hat er sie sich vor lauter »Funktionieren« vielleicht abgewöhnt?

So erscheint es mir jedenfalls bei heutigen Paaren häufig. Die Männer sind Realisten und funktionieren, und je länger sie sich der täglichen Routine aussetzen, umso klagloser tun sie es und desto stromlinienförmiger passen sie sich an die Gegebenheiten an. Die Frauen dagegen sind diejenigen, die sich nicht zufrieden geben, sie fantasieren und träumen, wie es anders sein könnte, kritisieren, wie es ist, und stören damit die – scheinbare – »Ruhe« der Männer. Und ähnlich wie im Märchen der geheimnisvolle Fisch ist es auch heute nicht selten ein »Dritter« oder »Drittes«, der oder das bei den Frauen diese Vision von einem ganz anderen Leben hervorruft: ein Psycho-Buch, eine Illustrierten-Serie, eine Freundin oder auch ein Mann, für den sie schwärmen ... Und ebenso wie im Märchen reagieren die realistischen Männer darauf häufig mit Irritation, Angst und Abwehr. Und so kommt die Spirale allmählich in Schwung: Je mehr Wünsche bei der Frau, desto mehr Abwehr beim Mann, je abwehrender der Mann, desto unzufriedener die Frau ...

## Was Ilsebill wirklich bräuchte

Aber so ganz scheint das auf den ersten Blick mit dem Märchen nicht übereinzustimmen. Denn der Fischer geht ja immer wieder. Er tut ihr schließlich immer wieder ihren Willen und trägt dem Fisch immer und immer wieder ihre Wünsche vor. Ja, äußerlich tut er es, aber es ist höchst aufschlussreich, wie er es tut – und in der Art, wie er es tut, bleibt er ständig bei seiner Abwehr. Um das zu erkennen, müssen wir den Text genau anschauen.

Ilsebill klagt da über den Pisspott und dringt in ihn, dass er hingeht. Darauf er: »Ach, was soll ich da noch hingehen?« Und wie sie weiter darauf besteht, heißt es im Märchen: »Der Mann wollte immer noch nicht. Weil es aber seine Frau durchaus wollte, ging er schließlich doch.« Und so geht es immer weiter im Märchen: Er will immer weniger, läuft aber doch immer wieder. Der Fischer richtet sich zwar in seinem Verhalten nach den Wünschen der Frau, aber er lässt mit keinem Wort erkennen, dass er irgendein Verständnis dafür hat, was die tieferen Gründe ihrer Wünsche sind, auch beim ersten Mal nicht, da sie sich statt des Pisspotts vorerst nur ein kleines Häuschen wünscht. Im Gegenteil. Auf ihre Klage, wie es da stinkt und eklig ist, sagt er nur: »Was soll ich da noch hingehen?«

Hier scheint mir der Schlüssel zum Verständnis der weiteren Entwicklung zu liegen. Denn was passiert hier? Was drückt sich darin aus, dass er mit der Frage »Was soll ich da noch hingehen?« auf ihre Klage reagiert? Es bedeutet, dass er ihr Missbehagen einfach übergeht. Er bezieht sich mit keinem Wort darauf, hier am Anfang genauso wenig wie in allen späteren Dialogen. Er versucht, sie zu beschwichtigen, ihr einzureden, dass sie doch keinen Grund mehr zur Klage habe. Aber er kümmert sich nie auch nur einen Augenblick um das, was eigentlich in ihr vorgeht, was die tieferen Gründe ihrer Unzufriedenheit sein könnten. Ist das nicht – trotz äußerer Gutwilligkeit – eine Missachtung ihrer Person?

Dadurch aber entsteht eine höchst zweideutige Situation. Der Wunsch – nach einem Häuschen, nach dem Schloss und so weiter – wird durch das Handeln des Fischers »der Sache nach« zwar erfüllt. Aber der tiefere Wunsch nach Anerkennung der Person, der darin ja immer auch mitschwingt, bleibt immer unerfüllt, denn dafür interessiert er sich nicht, darauf bezieht er sich mit keinem Wort.

Ilsebill bemerkt das offensichtlich nicht, jedenfalls reagiert sie nie direkt darauf. Aber könnte nicht die unendliche Wunsch- und Unzufriedenheitsspirale, die sich nun entwickelt, ein Hinweis darauf sein, dass diese tiefe Missachtung durch den Fischer sehr wohl in ihr ihre Wirkung tut? So viel sie auch bekommt, auf einer tieferen Ebene, auf der Ebene als Partnerin, als Frau, bleibt sie weiter unbefriedigt. Und weil das so ist und weil sie es nicht bemerkt, glaubt sie, dass es »mehr« werden muss, damit sie zufrieden wird: ein Haus, ein Schloss, König, Kaiser, Papst ...

So ist es jedenfalls häufig bei Paaren, bei denen der Mann zwar äußerlich alles bietet, aber sich auf der persönlichen Ebene verweigert: Es vollzieht sich eine Verschiebung von der Qualität auf die Quantität: Weil die Frau die »Qualität« nicht bekommt, die sie sich eigentlich wünscht, nämlich die Anerkennung ihrer Gefühle und ihrer Person, muss die »Quantität« immer mehr werden, und trotzdem ist es immer noch nicht das, was eigentlich befriedigt. Diese Dynamik finden wir häufig da, wo existentielle Personbedürfnisse unberücksichtigt bleiben. Es gibt eine Verlagerung vom »Sein-Wollen« auf das »Haben-Wollen«, und weil es »das nicht ist«, wird daraus ein »Immer-mehr-haben-Wollen«, also eine Sucht-Dynamik, wie wir sie heute in vielfältiger Form gerade bei Frauen finden: Kaufsucht, Esssucht, Magersucht, Alkoholsucht ...

## Liebe und Macht

Im weiteren Verlauf ist eine zweite Verschiebung zu beobachten, die ich bei Paaren ebenfalls häufig finden kann: eine Verschiebung von der Ebene der persönlichen Anerkennung auf die Ebene der Macht. Denn nach der zweiten Wunscherfüllung geht es Ilsebill nicht mehr nur um Besitz, um Haus und Schloss, sondern um König-, Kaiser-, Papsttum, das heißt im damaligen Weltbild: Sie will neben dem größeren Besitz auch eine immer mächtigere Position einnehmen. Weil sie vom Mann nicht bekommt, was sie sich auf einer tieferen Ebene wünscht, versucht sie nun über Machtstrategien die Kontrolle über die Beziehung zu erlangen. Am deutlichsten wird das, als sie ihn anblafft: »Ich bin der Kaiser und du bist nur mein Mann! Geh also hin!«

Der Einsatz von Machtstrategien in Paarbeziehungen kommt oft aus dieser Problematik: Ich bekomme nicht, was ich eigentlich ganz dringend bräuchte, also versuche ich es zu erzwingen. Freilich verwenden die heutigen Ilsebills häufig nicht so direkte Mittel wie ihr Urbild, sondern verstecktere, wiewohl nicht weniger machtvolle: Mit Migräne, sexueller Lustlosigkeit oder chronischem Zeitmangel (»Es ist immer noch so viel zu tun!«) kann man Männer ganz schön auf Trab bringen. Die Tragik dabei ist nur, dass die Chancen, das eigentlich Gewünschte zu bekommen, damit immer mehr schwinden. Ein verängstigter Fischer, der sich duckt und mit eingezogenem Kopf zum Fisch läuft, ist immer weniger imstande, das zu geben, worum es eigentlich geht, nämlich persönliche Anerkennung. Die Machtmittel müssen also weiter verstärkt werden – König, Kaiser, Papst – und natürlich wird es dadurch nicht besser. Ilsebill erstarrt am Ende in verzweifelter Einsamkeit. Als sie schließlich auf dem höchsten, auf dem Papst-Thron sitzt, sagt das Märchen von ihr: »Sie aber saß ganz steif wie ein Baum und rührte und regte sich nicht.« Die Eskalation – oder Verfeinerung – der Machtstrategien bringt nichts. Sie macht nur noch einsamer, auch wenn man äußerlich alles erreicht hat ...

## Was der Fischer vermeidet

So wird also für mich immer wahrscheinlicher, dass auf einer tieferen Ebene gesehen der ruhige, gutwillige und bemühte Fischer durchaus an dieser endlosen und in die Katastrophe führenden Unzufriedenheitsspirale einen wesentlichen Anteil hat und es nicht nur an Ilsebill liegt. Denn was er verweigert, ist das, was seine Frau am nötigsten hätte, nämlich Begegnung, Begegnung von Person zu Person, Begegnung eines Mannes mit einer Frau. Er vermeidet diese Begegnung, indem er sich nie auf die ihren Wünschen zugrundeliegende Gefühlslage bezieht und sich auf diese einlässt.

Er vermeidet diese Begegnung aber auch, wenn er sich niemals klar abgrenzt, auch da nicht, wo ihre Wünsche im Verlauf des Geschehens tatsächlich ins Irrationale abdriften. Denn auch ein klares »Nein« wäre noch eine Form persönlicher Begegnung und eine Form, den anderen wirklich zu »berühren« und ernst zu nehmen. Auch dadurch würde er sich als Mann ihr als Frau zumuten, und die Chance zur Auseinandersetzung über das, worum es wirklich geht, wäre gegeben. Aber so wie er nie wirklich Ja zu ihr sagt, sagt er auch nie wirklich

Nein, grenzt sich nie eindeutig ab. Verbal sträubt er sich zwar von Mal zu Mal mehr, aber im Handeln gibt er jedes Mal doch wieder nach. Es ist keine Anpassung von innen heraus, kein echtes Auf-sie-Eingehen, aber auch keine Abgrenzung von innen heraus, kein echtes »Sich-Distanzieren«, und damit läuft es auf eine vollständige Verweigerung hinaus. Der Fischer verweigert sich seiner Frau als ihr Mann. Er lässt sie vollständig ins Leere laufen.

Der Anteil Ilsebills ist allerdings, dass sie das nie wirklich wahr- und ernstnimmt. Sie geht darüber hinweg, sie drängt ihn nur immer stärker, aber sie konfrontiert ihn kein einziges Mal direkt damit, indem sie beispielsweise – etwa beim ersten Mal – sagen würde: »He, hast du eigentlich gehört, was ich gesagt habe? Mir passt es hier in diesem Pisspott überhaupt nicht mehr! Ich will, dass du das hörst und dich damit befasst!« Nein, so redet sie nie. Sie sorgt nicht für sich und ihre berechtigten Anliegen, und darum steigern sich ihre Wünsche »im Außen«, und je mehr sie sich steigern, desto bedrohlicher wird sie für den Fischer und desto mehr vermeidet er wiederum persönliche Begegnung, und je mehr er die vermeidet und verweigert, desto unermesslicher werden ihre Wünsche – bis schließlich alles in sich zusammenfällt und beide wieder in ihrem Pisspott sitzen.

Der Fischer zeigt damit ein Verhalten, das dem vieler Männer in nahen Dauerbeziehungen gleicht: Er passt sich der Frau äußerlich an und zugleich wehrt er sie gerade damit ab. So macht er sich unangreifbar. Er kann jederzeit sagen: »Was hast du denn, ich tu doch alles!« Und: »Man kann es dir wirklich nicht recht machen!« Und die Frauen spielen häufig mit wie Ilsebill, weil sie sich selber nicht spüren lassen, was sie so unzufrieden macht und warum sie einen solchen Ärger auf den armen Mann haben, der sich doch immer so bemüht ...

Hier erhebt sich vielleicht die Frage: Warum nur handelt der Fischer so? Warum tun es so viele Männer? Wir begegnen hier wieder der Angst des Mannes vor den Bedürfnissen der Frau, eine Angst, die offensichtlich unsere ganze Tradition durchzieht. Es ist, wie wir gesehen haben, die Angst, von der Frau »verschlungen«, von ihr in die Tiefe gezogen zu werden. Allerdings repräsentiert der Fischer den Typ des Mannes, der es »geschickter« macht, als wir es beim Müller und der Nixe oder bei Samson und Dalilah gesehen haben. Er geht ihr nicht so direkt »auf den Leim«, er passt sich an, und »dahinter« hält er seinen Widerstand aufrecht. Das Märchen sagt: Das sollte er nicht – und damit hat es recht. Aber was es als Heilmittel dagegen implizit empfiehlt, nämlich von Anfang an die Wünsche der Frau konsequent abzuschmettern, das ist natürlich keine Lösung, sondern führt, wie wir immer wieder erlebt haben und erleben, genauso zurück in den – gemeinsamen – Pisspott.

## Begegnung wagen und für sich selber sorgen

Was wäre die Lösung von Seiten des Fischers? Es klingt ganz einfach. Die Lösung wäre, sich auf die Frau einzulassen. Aber was heißt das: sich auf die Frau einlassen? Es ist wohl deutlich geworden, dass das nicht unbedingt und nicht in erster Linie heißen müsste, ihre Wünsche auch zu erfüllen. Worum es geht, das ist die Anerkennung und die Achtung der Wünsche, Bedürfnisse und Gefühle der Partnerin. Sie dürfen sein, sie haben ihre Berechtigung, sie haben ihre Gründe. Sich darauf einzulassen, heißt in erster Linie sie ernst zu nehmen, sich damit zu befassen, sich damit auseinanderzusetzen. Damit tun sich Männer oft schwer. Sie meinen, sie müssten gleich etwas »machen«, und wenn das nicht geht oder wenn es ihnen zu viel erscheint, blocken sie ab oder tun es mit Groll im Herzen. Dabei ginge es zuerst und in erster Linie lediglich darum, mit der Frau liebevoll und achtungsvoll über ihre Wünsche und Bedürfnisse ins Gespräch zu kommen. Daraus kann ein Prozess entstehen, der beide ganz woandershin führt als es zunächst schien. Aus dem Wunsch nach einer kostspieligen Reise schält sich dann zum Beispiel als der tiefere Wunsch heraus, einmal ungestört Zeit miteinander als Paar zu haben. Entweder ist dann die Reise nicht mehr so wichtig, oder die Investition erscheint dann auch dem Mann sinnvoll und nötig.

Das Gesagte bezieht sich auf den Anteil der Männer im Ilsebill-Fischer-Beziehungsmuster. Der Anteil Ilsebills ist freilich auch vorhanden und treibt seinerseits die Spirale voran, auf welche Weise, das habe ich bereits angedeutet. Darauf möchte ich jetzt noch etwas genauer eingehen.

Es fällt zum Beispiel auf, dass sie immer nur den Mann schickt, niemals aber selber aktiv wird. Das lag für eine Frau der damaligen Zeit wohl auch nicht nahe. Aber wäre es ihr nicht trotzdem zuzumuten, angesichts des Widerstandes ihres Mannes zu sagen: »Nun, dann geh' ich selber – mit dir oder auch ohne dich – zum Fisch. Ich werde selber mit ihm reden!« Das tut sie nicht. Sie macht sich abhängig vom Fischer und seinem Verhalten. Und weil sie das tut, muss sie – als Ersatz sozusagen – drängeln und bohren und ihm in den Ohren liegen. Sie übergeht dabei – wie bereits erwähnt – die massive Abwehr ihrer Wünsche durch den Fischer, die darin ausgedrückte Abwertung ihrer Person und die Missachtung ihrer Lebenssituation »im Pisspott«.

Machen es heutige Frauen, trotz Emanzipation und Gleichberechtigung, nicht häufig ähnlich? Mit Recht sind sie unzufrieden. Es ist kein Wunder, dass ihnen zu Hause die Decke auf den Kopf fällt. Es ist nachvollziehbar, dass sie ihre Ausbildung nicht im Kochtopf verpuffen lassen wollen. Es ist verständlich, dass sie nicht immer nur Kindergeschrei um sich haben wollen. Aber sie haben Angst, die Dinge selber in die Hand zu nehmen. Sie jammern herum, sind frustriert und genervt – und beginnen an den Männern herumzunörgeln. Natürlich beklagen sich viele Frauen zu Recht darüber, dass ihre Männer sich zu wenig auf sie einlassen, zu wenig die Beziehung im Auge haben. Aber manchmal muss man sich auch fragen, ob es nicht die mit der traditionellen Frauenrolle »geerbte« Abwertung der eigenen Kompetenz und Verantwortung für das eigene Leben ist, die zu einer gewissen Überbetonung der Wichtigkeit der Beziehung und damit zu einer permanenten Kritik am Partner führt. Ihre Unzufriedenheit ist wohl auch darauf zurückzuführen, dass sie wie Ilsebill ihr Schicksal nicht selber in die Hand nehmen, dass sie sich nicht trauen, ihren Kindern und Ehemännern etwas zuzumuten, dass sie das Risiko scheuen, nach draußen zu gehen, sich darzustellen, mit einem Wort: dass sie vermeiden, selber mit dem verwunschenen Prinzen im Fisch ins Gespräch zu kommen. Um sich dem nicht stellen zu müssen, machen sie lieber den Mann und seine Beziehungsmängel für ihr Unglück verantwortlich.

Fragt man sich nur: Wenn Ilsebill schon selber eine solche Tendenz hat, ihre Kompetenz abzuwerten und nicht selber hinzustehen, warum wählt sie dann im Fischer einen Mann, der auch nicht wirklich hinsteht, weder für sie, wo es angemessen wäre, noch gegen sie, wo es Not täte? Das Märchen klärt uns über die Frage der Partnerwahl nicht auf. Aber man kann sich leicht ausfantasieren, wie diese vor sich ging. Ilsebills geraten leicht an Männer wie den Fischer. Denn dass beide im selben Punkt ihre Defizite haben, ist am Anfang in der Regel verdeckt. Im Vordergrund steht zunächst die Ergänzung: Der Fischer-Mann erscheint ihr in seiner zurückhaltenden und zunächst gutwilligen Art als jemand, der ihr die Verantwortung für das eigene Lebenswagnis abnehmen wird, als einer, bei dem sie sich gut aufgehoben fühlen kann, der Sicherheit und Geborgenheit verspricht. Dass hinter dieser Zurückhaltung in Wirklichkeit Angst vor echter Begegnung mit ihr und dem Weiblichen überhaupt steckt, das wird dann erst viel später deutlich.

So ähnlich geht es bei der Partnerwahl oft: Wir heiraten den, der zu uns zu passen scheint, weil er scheinbar das hat, was uns fehlt. So heiratet der karge Fischer die fantasievolle und lebenshungrige Ilsebill, und die unsichere, ängstliche Ilsebill den ruhigen und – wenn man ihn in seinem gewohnten Ablauf lässt – sicheren Fischer. Daraus entstehen freilich dann, wie uns das Märchen demonstriert, im weiteren Verlauf der Beziehung heftige Konflikte. Denn »hinter« der Fantasie Ilsebills wird später ihre große Bedürftigkeit und hinter der »Ruhe« des Fischers seine Angst sichtbar.

Trotzdem wage ich zu behaupten: Es kann dennoch genau die »richtige« Partnerwahl sein. Denn was einerseits problembeladen ineinanderhakt – in unserem Fall die Bedürftigkeit Ilsebills und die Abwehr des Fischers – und sich dann destruktiv wechselseitig verstärkt, das bedeutet andererseits eine machtvolle gegenseitige Herausforderung genau am entscheidenden Punkt. Denn der Fischer konfrontiert Ilsebill genau mit ihrem Lebensthema, nämlich dem Thema, über sich selbst hinwegzugehen, anstatt selber für sich zu sorgen und ihre Anliegen deutlich zu machen. Damit aber fordert er sie heraus, sich mit diesem ihrem Lebensthema auseinanderzusetzen und zu lernen, sich selbst wichtig zu nehmen. Ähnlich umgekehrt: Ilsebill konfrontiert den Fischer seinerseits genau mit seinem Lebensthema, nämlich seiner Angst, Begegnung zu wagen, sich als Mann einer Frau gegenüberzustellen, statt in Anpassung und Widerstand abzutauchen. Damit fordert sie ihn heraus, sich diesem Lebensthema zu stellen und sich damit auf einen Entwicklungsprozess zu einer vollen männlichen Identität einzulassen.

In nahen Dauerbeziehungen treffen wir immer auch unsere wunden Punkte. Was uns am Anfang am anderen fasziniert, wird meist auch das, was uns am anderen ärgert. Das heißt aber bei weitem nicht immer, dass wir uns in der Wahl geirrt haben. Vielmehr kann es dadurch gerade sein, dass uns der andere zur entscheidenden Herausforderung für die eigene persönliche Reifung wird: weil er uns gerade da fordert, wo wir Entwicklung am meisten nötig haben.

So wird am Schluss deutlich, was überraschend erscheint: So verschieden die beiden sind, der Fischer und seine Frau, so gegensätzlich sie uns in ihrer ganzen Art erscheinen, im Grunde haben sie miteinander und aneinander dasselbe zu lernen: nämlich erstens »zu sich selber zu stehen« und zweitens »Begegnung zu wagen«.

Zu sich selber stehen, das würde für den Fischer bedeuten, sich zunächst die Ängste und die Panik einzugestehen, die ihn angesichts weiblicher Bedürftigkeit erfassen. Diese Selbsterkenntnis würde ihn davor bewahren, weiter seine Anpassung-Widerstand-Strategien zu fahren. Dies wäre die Voraussetzung dafür, dass sich das ambivalente Gemisch aus Widerstand und Anpassung Frauen gegenüber allmählich auflösen könnte. Dann würde auch das Wagnis der Begegnung möglich. Denn aus Anpassung könnte dann echte Hingabe und aus Widerstand klare Abgrenzung werden, und beides würde ihm je nach Situation zur Verfügung stehen.

Zu sich selber stehen, das hieße andererseits für Ilsebill: spüren zu lernen, wie sehr sie sich selber missachtet, wenn sie die in jeder Aussage des Fischers enthaltenen Abwertungen einfach schluckt und weiter dabei bleibt, sich von seinem Tun oder Lassen abhängig zu machen. Wenn sie sich das spüren ließe, würde sie das hoffentlich so ärgern, dass sie sich entschlösse, ihre Selbstachtung zu aktivieren und ihr Schicksal nun selber in die Hand zu nehmen. Damit aber würde sie auch ihrerseits anfangen, Begegnung zu wagen: Sie würde ein echtes Gegenüber zum Fischer. Denn gerade dann, wenn sie ihn nicht mehr »brauchen« würde für ihre eigene Zufriedenheit, würde sie ihm als Partnerin begegnen können, als eine, die sich in Liebe mit ihm verbindet, ohne sich zu verlieren, oder auch eine, die sich, wenn es sein muss, in Würde von ihm trennen und ihren eigenen Weg ohne ihn gehen kann, wenn es nicht mit ihm geht.

Wenn beide auf diese Weise lernten, zu sich selber zu stehen und Begegnung zu wagen, würde sich also nicht unbedingt alles in Wohlgefallen auflösen, obwohl die Chancen zu einer erfüllten Beziehung dann sicher nicht schlecht stünden. Aber wie immer es mit dem Fischer und Ilsebill weitergehen würde, eines ist sicher: den ganzen Zauber mit Schloss, König, Kaiser, Papst und liebem Gott bräuchte es dann nicht, und sicher würden sie am Ende auch nicht wieder vor ihrem Pisspott sitzen. Der Weg in eine bessere Zukunft wäre dann frei – ob mit oder ohne einander.

# Merlin und Viviane

## Wie ein älterer Mann
## und eine viel jüngere Frau
## miteinander glücklich werden können

*Worum es in diesem Kapitel geht*

*»Das kann doch nicht gut gehen – der alte Kerl und diese junge Frau!« So urteilt die Umwelt, und solche Gedanken verunsichern auch die Köpfe und Herzen der Betroffenen. Natürlich bringen große Altersunterschiede zwischen Partnern ihre spezifischen Probleme mit sich. Das etwas exzentrische Paar Merlin und Viviane aus der alten Kelten-Sage lehrt uns, wie es trotzdem gehen, und sogar, welchen besonderen Charme eine solche Konstellation haben kann.*

Die Gestalt des Zauberers Merlin gehört zum Artus-Sagenkreis. In diesem Zusammenhang findet sich auch die Geschichte des ungleichen Paares Merlin und Viviane, der wir uns nun zuwenden wollen.

## Die Geschichte von Merlin und Viviane

*Viviane ist eine Quellen-Nymphe aus dem Gefolge der Mondgöttin Diana, Herrin der Tiere und der freien Natur. Merlin und Viviane treffen sich zum ersten Mal an einer Quelle. Dert alte Merlin beeindruckt die junge Viviane mit seinen Zauberkünsten und seiner prophetischen Gabe. Sie möchte alles von ihm lernen. Als Gegengabe bietet sie an, alle Tage seines Lebens seine Vertraute und Freundin zu werden. Es ist ein Tausch, aber kein Handel. Ihm fällt ihre Jugend zu, ihr die Weisheit des Alters. Merlin verlässt Viviane nur noch einmal, um Abschied von seinem Lehrer Blasius und von König Artus, dessen Berater er war, zu nehmen. Danach bannt ihn Viviane, indem sie um den Schlafenden einen magischen Kreis zieht. Als er erwacht: »da war ihm, als sei er im schönsten Turm der Welt und liege auf das schönste Lager gebettet«. Ohne Vivianes Willen wird er diesen Ort nicht mehr verlassen können, doch sie hält ihr Versprechen und lässt kaum einen Tag vergehen, an dem sie nicht bei ihm ist. Während er festgebannt ist, kommt und geht sie, wie es ihr gefällt.*[20]

In ihrem Buch »Paare« hat Verena Kast Wesentliches und sehr Berührendes zu Merlin und Viviane und zur

Beziehungskonstellation »Alter Weiser und junges Mädchen« geschrieben. Weil es sich dabei aber erstens schon um eine ältere Veröffentlichung handelt, mir zweitens die Beziehungskonstellation »Frau mit sehr viel älterem Mann« in letzter Zeit besonders häufig begegnet, und schließlich, weil diese Konstellation ihre spezifischen Chancen und Probleme hat, möchte ich dieses Thema nochmals aufgreifen.

Oft ergibt sich diese Konstellation in Zweit- oder Drittbeziehungen. Die Männer sind häufig verwitwet oder geschieden, die Frauen haben meist (noch) keine oder aber heranwachsende Kinder aus einer früheren Beziehung. Ich glaube, dass Merlin und Viviane für solche Paare in vielerlei Hinsicht ein hilfreiches »Modellpaar« sein können. Anzumerken ist hier, dass in unserer Gesellschaft auch die Häufigkeit von Paaren, bei denen die Frau erheblich älter ist als der Mann, deutlich zugenommen hat. Teilweise werden diese Paare die folgenden Ausführungen ebenfalls mit Gewinn lesen, weil manche Problemsituationen sich ähnlich darstellen. Aber nur teilweise, denn aufgrund der Geschlechterdifferenz macht es doch einen wesentlichen Unterschied aus, ob der Mann oder die Frau die jüngere oder ältere Position innehat.

## In schlechtem Ruf

Das erste Problem, das dem älteren Mann mit der jungen Frau begegnet, ist, dass diese Konstellation keinen guten Leumund hat. Wenn die Leute davon hören, lächeln sie »wissend«. Oder sie sind leicht schockiert: »Was will denn der alte D ... mit der Jungen? Akzeptiert er sein Alter nicht, will er krampfhaft am Jung-Sein festhalten? Will er, dass ihn die Junge nochmals in

Schwung bringt und er sich seine Potenz beweisen kann? Und was will sie mit ihm? Sucht sie eine materielle Sicherung? Will sie sich ins gemachte Nest setzen, und dafür nimmt sie alles andere in Kauf?« So und ähnlich werden Paare mit einem großen Altersunterschied begutachtet – oder sie rechnen damit, dass sie es werden. Das verunsichert und macht befangen. Da kann es gut tun, zu wissen, dass diese Konstellation nicht so absonderlich ist, wie es scheint. Sie hat eine lange Tradition. Sie ist nicht etwas Abseitiges oder Anrüchiges, wir begegnen ihr bereits in den alten Mythen, wie eben in der von Merlin und Viviane, dem uralten Weisen und dem jungen Mädchen. Allerdings ist sie etwas Besonderes, denn der große Altersunterschied ist nicht etwas Nebensächliches, das man vernachlässigen könnte. Auf diese Besonderheit gilt es sorgfältig zu achten, damit diese Verbindung gelingen kann.

## Verbindliche Liebe

Äußerlich gesehen sind Merlin und Viviane ja denkbar große Gegensätze. Viviane ist eine Quellen-Nymphe, sie ist jung und schön, das Leben liegt zum großen Teil noch vor ihr, und sie hat in diesem Leben noch vieles zu erledigen. Merlin, der Zauberer, ist uralt, er ist viel herumgekommen, hat vieles erlebt, wird von »hohen Herrschaften« als Berater in Anspruch genommen und hat das Leben zum größten Teil hinter sich. Natürlich ist das auch sein »Reichtum«, der sie fasziniert, sein Reichtum an Können, Wissen und Erfahrung. Und natürlich fasziniert ihn wiederum ihre Jugend, ihre Vitalität, ihre Attraktivität. Aber das, was in der Geschichte als Allerserstes auffällt, ist für mich etwas anderes: Viviane ist es, die Merlin »festbannt«, die bewirkt, dass er sich nicht mehr von der Stelle rühren kann. Und Merlin lässt sich darauf ein. Er kann nicht mehr an den Hof des Artus, er kann nicht mehr in der Welt herumschweifen, er ist festgebannt.

Was heißt das? Ich erlebe bei Merlin-Viviane-Paaren immer wieder, dass die Frau sagt: Er ist endlich ein Mann, der »sich lieben lässt«. Er lässt sich wirklich auf mich ein. Ihm ist nicht alles mögliche andere wichtiger. Und er, der Mann, sagt: Sie ist endlich die Frau, zu der ich wirklich ganz und vorbehaltlos Ja sagen kann. In meinen früheren Beziehungen war es immer ein Ja, aber. Immer war ich irgendwie gespalten. Jetzt erst fühle ich mich innerlich wirklich frei, mich ganz einzulassen.

Das scheint eine Chance der Merlin-Viviane-Konstellation zu sein: die Mann-Frau-Beziehung in einer Verbindlichkeit zu leben, die vorher nicht möglich war. Durch das, was er erlebt und durchlebt hat, ist der Mann, der ja – was Bindung und Verbindlichkeit angeht – häufig die größeren Schwierigkeiten hat, bereit und fähig geworden, sich aus seinem innersten Herzen heraus ganz auf diese Frau einzulassen. Sicher spielt dabei eine Rolle, dass die beiden nicht mehr einen Familien-Aufbau mit Existenzgründung und Kindererziehung zu leisten haben, in dem sie sich in früheren Beziehungen verschlissen haben. Sicher spielt auch eine Rolle, dass sich der Merlin-Mann in der Regel beruflich nicht mehr beweisen muss. Gerade Männer, deren Selbstwertgefühl (zu) sehr an ihre Leistung im Beruf gebunden ist, haben ihre Liebeskraft oft dadurch aufgebraucht, dass sie ihre gesamte Energie von der Beziehung abgezogen und in die Arbeit gesteckt haben. Der Merlin-Mann ist für Vivane nicht mehr einer, der »neben der Beziehung« noch tausend Sachen zu erledigen hat, sondern einer, der sich »von ihr bannen lässt«. Ihm ist die Liebe zu ihr das Allerwichtigste im Leben geworden.

Das Beglückende daran ist: Es ist nicht mehr ein Hin und ein Her von Unsicherheiten und Zögerlichkeiten. Für die beiden gilt ganz klar: »Ich bin dein und du bist mein.« Verbindlichkeit ist möglich geworden, ohne dass sie als Einengung erlebt, abgewehrt und in Frage gestellt wird. Dies drückt sich für mich in dem Zauberkreis aus, den Viviane um Merlin zieht, um ihn darin »zu bannen«.

## Geben und Nehmen

Auf den ersten Blick ist kaum eine »asymmetrischere« Beziehung denkbar als die von Merlin und Viviane. Im Vordergrund steht nicht Gleichheit, sondern Verschiedenheit. Damit umzugehen, ist nicht einfach. Er hat mehr Wissen, Können, Erfahrung. Sie fühlt sich manchmal »dumm« neben ihm. Andererseits ist sie die Vitalere, ist ihm kräftemäßig überlegen. Das widerspricht dem bisherigen Rollenverständnis und lässt ihn neben ihr manchmal »ganz schön alt aussehen«. Wie kann man in einer solchen Konstellation Ebenbürtigkeit herstellen? Wir schauen, wie Merlin und Viviane es machen.

Merlin lehrt Viviane seine Zauberkünste. Er stellt ihr großzügig zur Verfügung, was er hat. Und sie nimmt es wie selbstverständlich auch in Anspruch, ja sie geht ihn darum immer wieder an. Sie nimmt sozusagen »hemmungslos«, was sie von ihm kriegen kann. Dafür kommt sie treu und verlässlich jeden Abend zu ihm zurück und schenkt ihm ihre Jugend, ihre Sinnlichkeit, ihre Erotik. Und Merlin nimmt sie und genießt sie.

Aber ist das nicht ein unguter Handel »Liebe für Hilfe«? Wird daraus nicht eine einengende Symbiose, nach dem Motto »Jeder deckt seine Defizite mit den Ressourcen des anderen«? Wird das nicht zur gegenseitigen Ausbeutung? Sicher könnte das eine Gefahr sein. Aber wenn man die Geschichte anschaut, wirkt es nicht so. Denn Merlin sagt nicht: Ich lehre dich meine Zauberkünste, damit du ..., und Viviane sagt nicht: Ich schenke dir meine Jugend, damit du ... Das wäre in der Tat ein unguter Handel, eine ungute Symbiose. Vielmehr scheint Merlins Haltung zu sein: »Ich gebe dir, was ich habe, weil ich dich liebe!« Und Viviane: »Und ich gebe dir, was ich habe, weil ich dich liebe!« Ihr gegenseitiges vorbehaltloses Schenken ist Ausdruck der Verbindlichkeit ihrer Liebe, nicht ein »Ich dir, damit du mir!«

Was daraus entsteht und was sich daraus ergibt, ist echte »Gegenseitigkeit«, ein wechselseitiger Ausgleich von Geben und Nehmen. Denn für Viviane sind Merlins Lebenskünste existentiell wichtig, und für Merlin sind es ihre Sinnesfreude und Liebeskraft. Sie fühlen sich wechselseitig reich beschenkt, und das ist es, was die wesentliche Ebenbürtigkeit zwischen ihnen herstellt, auch wenn sie äußerlich denkbar ungleich sind und bleiben und auch wenn diese Ungleichheit zuweilen Probleme hervorbringen kann.

## Nehmen können

Wir haben davon gesprochen, dass Viviane von Merlin nimmt, was er zu geben hat. In dieser Hinsicht können bei Paaren ähnlicher Konstellation durchaus Schwierigkeiten entstehen. Die Viviane-Frau sagt sich zum Beispiel: »Was ich da jetzt alles profitiere – von seinem Lebensstandard, von seinem Geld, von seinem Status, von seinem Können und Wissen – das kann ich doch nicht einfach so nehmen! Ohne es mir selber erarbeitet, erworben, erkämpft zu haben – es mir einfach so nehmen!?« Und für den Merlin-Mann liegt es nicht so fern, zu sagen oder zu denken: »Bin ich denn noch ein attraktiver Mann für sie? Kann es von Dauer sein, und bin ich es überhaupt wert, von ihr so viel Zuwendung und Liebe zu bekommen?« Das heißt, in derartigen Konstellationen ist meist das Nehmen schwieriger als das Geben. In »jungen Beziehungen«, wie wir sie zum Beispiel in Hänsel und Gretel symbolisiert sahen, ist es eher so, dass beide nehmen möchten und das Gefühl haben, nicht (mehr) die Kraft zu haben, dem andern zu geben. In Merlin-Viviane-Beziehungen ist es meist das Gegenteil: Das Problem ist, »hemmungslos« zu nehmen, weil jeder sich vom anderen aufgrund von dessen spezifischem Reichtum so »unverdient« beschenkt fühlt.

Vielleicht denkt jetzt mancher Leser/manche Leserin: »Na, *das* Problem möchte ich haben!« – Aber so klein, wie es vielleicht scheint, ist es nicht! Denn man muss schon ganz schön viel Selbstwertgefühl in sich aktivieren, um sich wert zu fühlen, so beschenkt zu werden. Die Liebe fließt aber nur, wenn *beides* »funktioniert«, sowohl das Geben *wie* das Nehmen. Auch wo ganz viel da ist: Wo nicht genommen wird, kann auch nicht mehr gegeben werden, und der Fluss der Liebe gerät ins Stocken, und manchmal braucht es ganz schön viel Kraft, die eigenen Tendenzen, sich minderwertig zu fühlen, zu überwinden, um wirklich nehmen zu können.

## Nach innen gehen – nach außen gehen

Für Männer – und noch häufiger für die Frauen, mit denen sie leben – wird es im Laufe der Zeit oft zum Problem, dass sie in ihrem ganzen Lebensvollzug fast ausschließlich »nach außen« gerichtet sind. Sie gehen fast vollkommen im Tun, im Bewältigen, im Probleme-Lösen, in der Aktion auf. Ein Defizit an »Innerlichkeit« wird spürbar: oft – wie gesagt – stärker für die Frauen, die mit ihnen zusammenleben, als für die Männer selbst. Im Lebensvollzug der Frauen, vor allem wenn sie bisher hauptsächlich mit Familie und Kindern befasst waren, fehlt es dagegen oft gerade an dem, was die Männer zu viel haben: Es fehlt an Möglichkeiten, zu gestalten, aufzubauen, sich in Leistung, Tun, Aktion selbst zu erfahren und nach außen darzustellen. Dass die Merlin-Viviane-Beziehung hier eine spezifische Chance bietet, wird wiederum an unserer Geschichte sichtbar.

Merlin besucht da nochmals seinen Lehrer Blasius, und er geht nochmals an den Hof des Königs Artus. Beiden eröffnet er, dass er sich zurückziehen, dass er nun im Wald bleiben wird, bei Viviane. Und er lässt sich hier im Wald von Vivianes Zauberkunst, die sie von ihm gelernt hat, festbannen. In Zukunft wird es so sein, dass Merlin im Wald lebt, Viviane aber in die Welt hinausgeht, um – gerade auch mit dem, was sie von ihm gelernt hat, ihr Leben zu meistern. Umgesetzt auf unsere Paar-Konstellation heißt das: Für den älteren Mann und die jüngere Frau ist in ihrer jeweiligen Lebensphase etwas anderes dran: für ihn mehr nach innen, für sie mehr nach außen zu gehen. Aber gerade darin könnten sich beide unterstützen: Der ruhende Pol könnte jetzt der Merlin-Mann werden, und er könnte in dieser Position vieles von dem, was in seinem Leben jetzt ohnehin ansteht, in Angriff nehmen, alle jene »inneren« Dinge, die bisher zu kurz gekommen sind, Literatur, Kunst, Philosophie oder Meditation. Und Viviane könnte gerade diese Situation nutzen, um die »Amazonen-Seite« ihres Frauseins zu leben, nach draußen zu gehen, zu gestalten, zu kämpfen und das aufzubauen, was sie als ihre Aufgabe in der

Welt ansieht. Der schweifende Merlin holt sich in den »Wald«, nach innen zurück, und Viviane geht in die Welt hinaus, und beide haben ihre Freude daran, den anderen jeweils so zu erleben.

Partner, die nicht so unterschiedlich sind wie Merlin und Viviane, stehen häufig in der Gefahr, miteinander in ein Konkurrenzmuster zu geraten. Einer gönnt dem anderen nicht, was er hat, einer fühlt sich dem anderen gegenüber benachteiligt. Merlin neidet Viviane nicht ihre Erfolge, er hatte schon genug davon, und Viviane neidet Merlin nicht seine »ruhige« Lebensweise, für sie ist etwas anderes dran.

Eine gewisse Gefahr droht eher von einer anderen Seite. Der Merlin-Mann, der vieles, womit die Viviane-Frau sich jetzt auseinandersetzt, vielleicht schon hinter sich hat, kann dazu neigen, wenn sie »aus der Welt« in den »Wald« kommt und ihm von Schwierigkeiten, vielleicht auch Ängsten und Unsicherheiten erzählt, ihr diese »ausreden« zu wollen: »Ach, ist nicht so schlimm, das schaffst du schon, da brauchst du gar keine Angst zu haben ...« Er möchte sie beruhigen, vielleicht auch die Schwierigkeiten wegnehmen, aber das kann bei der Viviane-Frau leicht so ankommen, dass er ihre Gefühle nicht ernst nimmt, dass er bagatellisiert, ja dass er sich erhaben fühlt und sie klein macht. Hier kann ihre »asymmetrische« Paarkonstellation tatsächlich eine hart zu knackende Nuss werden.

## Vater-Tochter-Übertragungen

Damit habe ich einen Problembereich angesprochen, mit dem sich Paare in der Konstellation »Älterer Mann – jüngere Frau« häufig konfrontiert sehen und für den unsere Geschichte unmittelbar nicht mehr viel hergibt.

Aber weil er für diese Konstellation in der Regel bedeutsam ist, möchte ich darauf dennoch eingehen: Ich meine die dafür charakteristischen wechselseitigen »Übertragungen« vom Mann auf die Frau und von der Frau auf den Mann. Häufig erinnert unsere Beziehungskonstellation schon rein äußerlich an die Beziehung Vater – Tochter. Dazu kommt, dass es manchmal nur einen geringfügigen oder gar keinen Altersunterschied gibt zwischen der Viviane-Frau und den etwaigen Töchtern des Mannes aus früheren Beziehungen. Es kann darum nicht ausbleiben, dass sie ihm gegenüber auch töchterliche und er ihr gegenüber auch väterliche Gefühle hegt. Oft stellt sich dazu noch heraus, dass er tatsächlich in manchem ihrem Vater ähnelt oder jedenfalls ihrem »idealen Vaterbild«. Dies letztere ist dann der Fall, wenn »ihr inneres Kind« bei der Partnerwahl beteiligt war und im Merlin-Mann in gewisser Hinsicht den ersehnten »guten Vater« erlebt und gewählt hat.

Dies kann zu Komplikationen führen. Er beginnt, sie tatsächlich wie eine Tochter zu behandeln, zum Beispiel fürsorglich, aber dabei ein wenig von oben herab belehrend. Dies kann zur Folge haben, dass sich neben der »lieben« plötzlich bei ihr auch die »aufmüpfige« Tochter meldet, die sich eingeengt und klein gemacht fühlt – und der schönste Konflikt ist im Gange.

Genauso kann natürlich sie »den Reigen eröffnen«, indem sie sich ihm gegenüber unselbständiger, inkompetenter, hilfloser gibt als sie ist, wodurch sie nun ihrerseits ihn zu fürsorglichen, aber eben auch dominant-belehrenden Reaktionen veranlasst, worauf sie dann wieder – siehe oben. Sie setzt ihm sozusagen den Hut »Vater« auf, er ihr den Hut »Tochter«, und dann »müssen« die beiden auch jene mühsamen Ablösungskämpfe miteinander ausfechten, die früher tatsächlich zwischen Tochter und Vater nötig gewesen waren. Damals war es unvermeidlich und wohl auch konstruktiv, der heutigen Paarbeziehung bekommt es aber meist nicht übermäßig gut.

Das geschilderte Problem gibt es natürlich generell bei Paaren, nicht nur bei jenen mit großem Altersunterschied, und auch in der andersgeschlechtlichen Variation »Sohn-Mann« und »Mutter-Frau«. Es bedarf auf beiden Seiten großer Achtsamkeit, um nicht in dieses Muster zu verfallen. Dieser erhöhten Achtsamkeit kann es sehr gut bekommen, wenn die beiden Partner offen sind für die Rückmeldung des anderen: »Sag mir bitte sofort, wenn ich mich dir gegenüber wie (d)ein Vater / wie (d)eine Tochter zu verhalten beginne!« Hilfreich kann in diesem Zusammenhang auch die Einführung von humorvollen »Signal-Codes« sein: Wenn der Merlin-Mann sich entsprechend verhält, sagt sie betont unterwürfig: »Ja, lieber Papa!« Und umgekehrt sagt er in der entsprechenden Situation zur Viviane-Frau betont »väterlich«: »Ja, liebe Tochter!« Dann können beide darüber lachen und die Gefahr einer Negativ-Spirale ist gebannt.

Die Vater-Tochter-Übertragung ist sicher eine Gefahr für Merlin-und-Viviane-Paare. Sie kann aber auch eine Bereicherung, eine Ressource sein, die der Beziehung einen besonderen Zauber verleiht. Als Kind hat die Viviane-Frau vielleicht darunter gelitten, dass sie sich von ihrem Vater zu wenig beachtet gefühlt hat, dass sie mehr Aufmerksamkeit, mehr Zärtlichkeit, mehr Wertschätzung von ihm gebraucht hätte. Alles das erfährt sie jetzt von ihrem väterlichen Merlin-Mann. Sie soll sich durchaus erlauben, das auf dem Hintergrund ihrer Herkunftsgeschichte in vollen Zügen zu genießen. Das kann eine heilende Erfahrung sein, und ihr »inneres Kind« kann daran in einem wichtigen Bereich genesen. Für den Mann wiederum kann es eine wunderbare Erfahrung sein, so freigebig-»hemmungslos« geben zu können, wie er sich vielleicht gewünscht hat, seinen Kindern zu geben, aber die waren nicht offen dafür, oder er war damals selbst nicht so weit oder hat nicht den richtigen Zugang gefunden... Jetzt kann er voll leben, was schon früher dran gewesen wäre, aber blockiert war. Die Beziehung gibt so den beiden die Chance, »unerledigte Angelegenheiten« aus ihrer Vergangenheit zu einem guten Ende zu bringen. In der therapeutischen Fachsprache nennen wir das auch »korrigierende Erfahrungen«, weil dadurch negative Erfahrungen der Vergangenheit und deren Folgen, die wir noch in uns tragen, »korrigiert« werden können.

Dies trifft öfter auch noch in dem Sinn zu, dass der Merlin-Mann selbst mit Viviane in seine Jugendzeit zurückversetzt wird. Außer dass er manchmal in einer beglückenden Weise »Vater« sein kann, kann er mit ihr, der jungen Frau, auch – vielleicht zum ersten Mal in seinem Leben – eine »junge Liebe« leben, ohne die Ängste und Blockaden, von denen die Beziehungen zu Mädchen in seiner eigenen Jugend vielleicht beeinträchtigt waren. Damit kann auch in seinem Herzen ein Stück »beschädigter« Jugend nachträglich heilen. Freilich, er wird dabei nicht selber wieder zum jungen Mann, so sehr er sich das vielleicht manchmal wünscht, und so ist gerade diese Erfahrung neben der »korrigierenden« auch eine Konfrontation mit Alter und Vergänglichkeit. Aber vielleicht ist Merlin in seinem Wald inzwischen schon so weise geworden, dass er beides kann: sein Alter annehmen *und* den aufblitzenden Moment seiner Jugend genießen ...

## Wenn Viviane Kinder haben will ...

Merlin und Viviane stehen im Lebenszyklus an sehr unterschiedlichen Punkten, Viviane oft noch in der Aufbauphase, mitten im »Sommer« sozusagen, und Merlin schon in der Erntephase, im »Herbst« oder sogar noch später. Wir haben darüber gesprochen, dass dies Ergänzung und Chance bedeuten kann, weil Merlin zum Beispiel mehr nach innen und Viviane ihren Weg nach außen gehen kann. Dennoch kann die Unterschiedlichkeit in den Lebensphasen auch in große Krisen führen, dann nämlich, wenn sie für beide sehr unterschiedliche und widersprüchliche Konsequenzen in der konkreten Lebensführung zu haben scheint. Über die beiden Situationen, die ich in diesem Zusammenhang besprechen will, belehren uns der Merlin und die Viviane unserer Sage nicht direkt. Weil aber Paare in dieser Konstellation häufig damit konfrontiert sind, will ich darauf zum Schluss noch eingehen.

Ich spreche zuerst von dem Fall, dass Viviane sich wünscht, mit Merlin Kinder zu haben. Für sie ist es vielleicht die letzte Chance, überhaupt Kinder zu haben, und vielleicht ist Merlin der erste Mann, bei dem sie diesen Wunsch intensiv verspürt. Wäre es nicht eine schlimme Zurückweisung ihrer Liebe und eine Blockade ihrer Lebensperspektive, wenn Merlin ihr das verweigern würde? Aber für ihn, für seine Lebensperspektive, ist da die Zeit für kleine Kinder nicht längst vorbei? Kann er es vor dem Kind verantworten, ein so alter Vater zu sein? Kann er es verantworten, dass das Kind ihn vielleicht nur noch wenige Jahre erlebt? Und was werden seine eigenen erwachsenen Söhne und Töchter, die vielleicht selbst schon Kiner haben, dazu sagen? Werden sie ihn nicht für verrückt oder verantwortungslos erklären?

Keine einfache Situation! Ich erinnere mich eines konkreten Paares, bei dem sich das Dilemma genauso gestellt hat und das sich deshalb an mich um Beratung wandte. Der Mann war ein pensionierter Amtsgerichtspräsident, die Frau eine erfahrene und erfolgreich tätige Lehrerin. Der Altersunterschied betrug fast dreißig Jahre. Bei ihr, der bisher Kinderlosen, die sich seit Jahren mit Kindern befasste, war seit kurzem der intensive Wunsch nach einem eigenen Kind aufgetaucht. Es war offensichtlich, dass die Liebe zwischen beiden tief und lebendig war, und ich konnte bei keinem von beiden »schräge«, das heißt problematische Motivationen feststellen, weder in ihrem Wunsch noch in seinem Widerstand. Beide hatten für ihre Position respektable, ganz und gar nachvollziehbare Gründe. Was tun in einer solchen Lage? Ich konnte ihnen natürlich die Entscheidung nicht abnehmen. Aber in einer solchen Situation pflege ich Stellung zu beziehen, das heißt, offen zu sagen, wie ich darüber denke und fühle, ohne dass ich ihnen natürlich diese Einstellung aufdrängen will. Sie soll lediglich eine Orientierungshilfe sein.

Diese meine Einstellung lautete in diesem Fall: Ich glaube, dass es gut ist, mit der Tendenz der Liebe zu gehen, die ein Kind will, und die Bedenken, die dagegen sprechen, zurückzustellen. Ich vertraue in dieser Situation dem »Lebensstrom«, der Richtung, in welche die Liebe drängt. Und was ist mit den Bedenken? Ich glaube, dass sie weniger schwer wiegen: Ein so alter Vater: Wie viele Kinder erleben heutzutage ihre – viel jüngeren – Väter viel weniger intensiv, weil die keine Zeit haben, während der Merlin-Vater wirklich Zeit, Muße, Geduld und Freiraum haben wird und für das Kind wirklich da sein kann, mehr als er es in jungen Jahren wahrscheinlich je konnte! – Ein Vater, der womöglich bald sterben wird: Wie viele Kinder wachsen heute ohne Väter auf, wobei die Männer zwar am Leben, aber, weil sie sich getrennt haben und sich nicht mehr blicken lassen, nicht mehr »vorhanden« sind. Ist es wirklich ein solcher Schaden, wenn das Kind seinen Merlin-Vater – vielleicht – schon in jungen Jahren verliert, aber dann einige Jahre einen wirklich präsenten Vater erlebt haben wird und einen, der in lebendiger Liebe mit der Mutter verbunden war? – Und die erwachsenen Kinder des Merlin-Mannes? Für sie mag es wohl ein Problem sein, wenn dieser noch ein Kind zeugt, das jünger ist als die eigenen Enkel. Aber daran werden sie sich gewöhnen, und es hilft ihnen vielleicht, in ihrer Sichtweise auf das Leben flexibler und unkonventioneller zu werden ...

Ich verkenne nicht, dass eine solche Entscheidung schwierig und risikoreich ist. Aber wäre es die gegenteilige weniger? Ich glaube eher, sie würde das größere Risiko beinhalten. Denn wenn der Wunsch nach einem Kind aus der Liebe der Partner kommt, wird seine Zurückweisung, auch wenn es dafür noch so wichtige Gründe gibt, von der Frau in der Regel als Zurückweisung ihrer Liebe erlebt. Und das könnte sich für die Beziehung zwischen Merlin und Viviane belastend auswirken.

## Ein gemeinsames Leben?

Die Unterschiedlichkeit in den Phasen des Lebenszyklus kann aber noch in einer anderen Hinsicht recht schwierig werden, auch wenn Viviane keinen Kinderwunsch (mehr) hat, nämlich dann, wenn die beiden ihr Leben noch nicht als Paar allein leben können, weil Viviane aus einer früheren Beziehung Kinder hat, die sie vielleicht noch für längere Zeit brauchen. Ich gehe hier nur auf diesen Fall ein, weil wegen des Altersunterschiedes die Kinder des Merlin-Mannes in der Regel bereits so groß sind, dass sie ihn nicht mehr so unmittelbar brauchen.

Wenn beide ihre Beziehung als verbindlich erleben, haben sie verständlicherweise auch den Wunsch, eine gemeinsame Zukunftsperspektive in einem gemeinsamen Lebensraum zu entwickeln. Für den Mann wäre es aufgrund seiner Lebens-Situation ohne weiteres denkbar, dass die Frau mit ihm zusammenzieht. Die Frau aber, die zum Beispiel noch heranwachsende Kinder hat, muss diese Kinder in ihre Lebensplanung in einem ganz anderen Ausmaß mit einbeziehen. Dadurch gerät sie leicht ins Dilemma. Sie möchte beidem gerecht werden: ihrer Paarbeziehung und ihren Kindern. Es ist klar: die neue Paarbeziehung und die alten Familienbeziehungen lassen sich nicht einfach »zusammenmixen«, auch wenn die äußeren Möglichkeiten dazu gegeben wären. Sie lassen sich nicht »zusammenmixen«, weil der Merlin-Mann mit den Kindern Vivianes keine gemeinsame Geschichte hat. Sie haben tatsächlich zunächst »nichts miteinander zu tun«.

Wie soll man damit verfahren? Einfach dem Impuls der neuen Liebe folgen und miteinander neu anfangen – auch wenn die Frau damit sich als Mutter und den Kindern sehr viel zumutet und man wegen deren Rebellion dagegen auch schwierige Rückwirkungen auf die Beziehung fürchten muss? Oder die beiden »Welten« getrennt halten und dafür die Komplikationen der äußeren Distanz und die Schmerzen fortgesetzter Trennungen der Partner auf sich nehmen? Der Merlin-Mann ist in der Regel der freier Verfügbare. Die Viviane-Frau ist die noch stärker Gebundene. Kann er sich in sie genügend einfühlen? Oder besteht er »narzisstisch« auf seinen Beziehungs-Bedürfnissen ohne Rücksicht auf ihre

Bindungen? Oder im Gegenteil: Ist er geneigt, zu sehr auf seine Bedürfnisse zu verzichten und sich als Partner zu wenig ins Spiel zu bringen? Und andererseits: Bindet sie sich zu stark an die Kinder? Ist sie zu ängstlich? Traut sie sich zu wenig, ihnen etwas zuzumuten? Oder im Gegenteil: Mutet sie ihnen vielleicht tatsächlich zu viel zu und nimmt zu wenig Rücksicht, zum Beispiel auf deren Loyalität zum leiblichen Vater?

Es gibt keine einfachen Antworten auf diese Fragen, schon gar nicht allgemein gültige, die vom konkreten Fall absehen könnten. Es ist aber nötig, sich im gemeinsamen Austausch immer wieder solche Fragen zu stellen. Und auf jeden Fall ist von beiden verlangt, sich die Unterschiedlichkeit der Lebenssituation immer wieder vor Augen zu führen, um stimmige Lösungen zu finden. Dabei besteht auch die Gefahr, dass man mit konkreten Entscheidungen zu lange wartet. Zu lange heißt: so lange, dass der Impuls der gemeinsamen Liebe langsam nachlässt und die Zugkraft der »Bänder«, die jeden an seine alte Geschichte binden, sich wieder verstärkt und die beiden »auseinanderzuziehen« beginnt.

Um das zu verhindern, kann es hilfreich sein, sich darüber klar zu werden, wie das von beiden angestrebte und zu ihrer Beziehung stimmigste Lebensszenario im besten Fall aussehen könnte. Dies zu entwerfen und konkret auszuschmücken, das allein kann schon höchst lustvoll, befriedigend und für die Beziehung inspirierend sein. Wenn man dieses Szenario dann vor Augen hat, lassen sich viel leichter Übergangsstadien formulieren, die noch nicht dem eigentlich Angestrebten entsprechen, aber in seiner Perspektive liegen. Wenn die noch nicht ideale Lösung als Übergangsregelung vereinbart ist, lässt sie sich – das eigentliche Ziel-Szenario vor Augen – leichter leben. Dieses Ziel-Szenario sollte übrigens auch nicht ein für allemal starr festgelegt sein. Es ist nützlich, hier der Fantasie Spielraum zu lassen, denn die Liebesbeziehung zwischen Merlin und Viviane entwickelt sich ja weiter, und was zu dem einen Zeitpunkt absolut stimmig erschien, kann sich im Laufe der Zeit abwandeln und modifizieren. Konkrete Entwürfe mit praktischen Zwischenschritten, und beides in Offenheit für Entwicklungen, die sich heute noch nicht voraussehen lassen – dies scheint die effektivste Strategie für die Bewältigung der unterschiedlichen Phasen der beiden im Lebenszyklus zu sein.

Freilich: Merlin wird dabei manchmal das Gefühl anwandeln, er habe für solche Zwischenlösungen und – aus seiner Sicht – »Umwege« nicht mehr genügend Zeit. Dieses Gefühl in den gemeinsamen Prozess einzubringen, ist sicher auch wichtig und berechtigt. Gleichzeitig weiß Merlin an dieser Stelle, dass er mit seiner Realität, der Realität des Alters und der Vergänglichkeit des Lebens konfrontiert ist. Und es ist ihm zu wünschen, dass er dann wieder bereit ist, loszulassen, was er nicht in der Hand hat, und das zu nehmen, was hier und jetzt und im Augenblick da ist: seine Liebe zu Viviane.

# Philemon und Baucis

## Wie Paare miteinander alt werden können, ohne dass ihnen die Liebe abhanden kommt

*Worum es in diesem Kapitel geht*

*Kann die Liebe im Alter noch lebendig sein? Muss sie sich nicht über die Jahre hin – durch Alltag, Gewohnheit und die kleinen Marotten des anderen – abnutzen? Die antike Mythologie berichtet von Philemon und Baucis, einem sehr alten Paar, das diesem Erosionsprozess der Liebe nicht zum Opfer gefallen ist. An der Art, wie die beiden miteinander umgehen, lässt sich sehr genau ablesen, was es braucht, damit sich die Liebe im Laufe der Jahre nicht verflüchtigt, sondern reifer, tiefer und beglückender wird.*

Aus einem italienischen Badeort hat sich mir das folgende Bild eingeprägt: In der lauen Abendluft auf der Terasse eines Ristorante hat am Nebentisch ein Paar um die Siebzig Platz genommen. Sie sind rüstig, kerngesund und braungebrannt und verzehren ein vorzügliches Menu. Aber es fällt kaum ein Wort zwischen ihnen. Mürrisch schauen sie vor sich hin oder aneinander vorbei und gehen sich gegenseitig offensichtlich auf die Nerven. Sie haben einander anscheinend nichts mehr zu sagen. – Ein anderes Erinnerungsbild: Ich fahre in der S-Bahn. Ein etwa ebenso altes Paar steigt ein und setzt sich mir schräg gegenüber. Sie strahlen etwas völlig anderes aus. Wenn der alte Mann etwas zu seiner Frau sagt, schaut sie ihm direkt ins Gesicht. Er erwidert ihren Blick mit einem Lächeln, und sie stimmt seinen Worten immer wieder mit heftigem Kopfnicken zu. Dann schauen sie beide zum Fenster hinaus, machen sich aber immer wieder auf etwas, das ihnen auffällt, aufmerksam, und immer wieder schauen sie sich dabei an, lächeln, stimmen einander eifrig zu. Sie greift nach seiner Hand, er nimmt sie und hält sie, und so sitzen sie eine ganze Weile nebeneinander, zugewandt, liebevoll, ganz und gar lebendig – und dabei sind die beiden schon erheblich gebrechlicher als das alte Paar von der italienischen Adria-Küste.

Zwei ganz und gar unterschiedliche Bilder, zwei Möglichkeiten, miteinander alt zu werden. Das eine Paar verfügt über alles, was es zum Leben braucht. Aber wie viele alte Paare verlieren sie sich in einen Daseinsmodus, der sie leer zurücklässt. Sie fallen zurück auf ein fast frühkindliches »orales« Stadium, kümmern sich nur noch um ihr leibliches Wohl, suchen den Lebensgenuss im passiven Konsum – und gehen sich gegenseitig auf die Nerven. Sie schauen sich nicht mehr in die Augen, der lebendige Dialog zwischen ihnen ist verstummt, und hinter der Stummheit verbergen sich Ressentiments und unverarbeitete Verletzungen. Was für ein Unterschied zu den beiden anderen Alten! Sie zeigen, dass es auch anders geht, dass die Liebe auch im hohen Alter noch lebendig sein kann – und dass es an Äußerem dazu gar nicht viel braucht. Die beiden haben mich daran erinnert, dass es im antiken Mythos ein Modellpaar gibt für diese alte Liebe, die nicht rostet, nämlich Philemon und Baucis, von denen der römische Dichter Ovid in seinen »Metamorphosen« (»Verwandlungen«) erzählt. Sie sollen uns nun in das Thema »Das Paar im Alter« geleiten.

## Die Geschichte von Philemon und Baucis

*Die Götter Jupiter und Merkur kamen in Menschengestalt nach Phrygien. Sie baten in vielen Häusern um ein Nachtlager, wurden aber überall abgewiesen. Nur in einem kleinen Häuschen bewirtete sie ein altes Ehepaar freundlich und freigebig trotz seiner Armut. »Die fromme alte Baucis und Philemon, alt wie sie, hatten sich in jenem Haus in den Jahren der Jugend liebend verbunden, waren in jenem Haus miteinander alt geworden und hatten sich darin ihre Armut leicht gemacht, indem sie sie frei bekannten und willig ertrugen.« Mit großer Sorgfalt bereiteten sie ein Mahl zu, holten lange bewahrten Vorrat heraus, wärmten ihren Gästen mit lauem Wasser die Füße, breiteten das Festtagslaken über das Lager, baten sie dann zu Tisch und reichten die Speisen in irdenem Geschirr. Zum Nachtisch gab es süße Früchte. Alles wurde so bereitet, dass es eine Freude war, zuzuschauen. Auch die letzte Gans wollten sie noch schlachten, aber das verhinderten die Götter, die sich durch das Wunder, dass der Wein im Krug nicht mehr zu Ende ging, als solche zu erkennen gaben. Jupiter ließ seinen Zorn an der ruchlosen Nachbarschaft aus, die Häuser versanken in einem See. Nur die gastfreundliche Hütte von Philemon und Baucis blieb stehen. Aus ihr wurde ein goldgedeckter und mit Marmor ausgelegter Tempel. Die beiden Alten durften sich etwas wünschen. Sie besprachen sich kurz, und dann sagte Philemon zu den Göttern: »Priester zu sein und euren Tempel zu hüten, das verlangen wir, und da wir in Eintracht unser Leben zugebracht haben, ende es auch für beide zur selben Stunde, damit weder ich das Grab meiner Gattin sehe, noch sie mich unter den Hügel bringen muss.« Und so geschah es. Solange sie lebten, waren sie Hüter des Tempels, und als sie einmal – gebeugt vom hohen Alter – nebeneinander vor den heiligen Stufen standen, sahen sie aneinander, wie plötzlich aus ihnen Laub spross. Sie sagten sich Lebewohl, während schon die Rinde ihre Münder verschloss und sie zu Bäumen geworden waren.*[21]

## Alte Paare heute

Die Gesellschaft in unserem Land befindet sich in einem dramatischen Alterungsprozess. Im Jahr 2030 wird nach vorsichtigen Schätzungen der Anteil der Erwerbstätigen auf unter 50 Prozent der Bevölkerung sinken, während er heute 60 Prozentpunkte noch etwas übersteigt. Der Anteil der bis Zwanzigjährigen wird unter zwanzig Prozent sinken und der Anteil der über Sechzigjährigen auf über ein Drittel der Gesamtbevölkerung steigen. Deutschland ist also auf dem Weg zu einer »Altenrepublik«. Das macht deutlich, dass der Altersphase im Leben von Paaren eine immer größere Bedeutung zukommt. Diese Phase ist nicht mehr der kurze Abgesang am Ende eines ereignisreichen Lebens. Bedingt durch die höhere Lebenserwartung und durch die im Vergleich zu früher durchschnittlich bedeutend bessere Gesundheit älterer Menschen ist es durchaus nicht ungewöhnlich, dass die Ehepartner heutzutage in guter geistiger und körperlicher Verfassung genau so lang als »altes Paar« verbringen wie sie als »Paar mit Kindern« in der eigentlichen Familienphase zusammengelebt haben. Die Altersphase des Paares kann durchaus ein Drittel und mehr der gesamten gemeinsamen Geschichte ausmachen und stellt deshalb noch einmal eine ganz eigene Phase im Lebenszyklus dar.

Schon allein deshalb kann sich der Sinn des gemeinsamen Lebens nicht mehr nur im Familien-Leben und im Dasein für die Kinder erschöpfen und kann der »Zweck« der Ehe nicht mehr nur der Nachwuchs sein, selbst wenn das Paar mehrere Kinder großgezogen hat. Die Eigenständigkeit der Paarbeziehung und die lebendige Partnerliebe haben auch für das alte Paar dadurch an Wichtigkeit gewonnen. Wo die liebevolle Bezogenheit des Paares aufeinander erstirbt, oder wo sie schon lange – im Familienbetrieb vielleicht unbemerkt – erstorben ist, fehlt auch alten Partnern eine wesentliche Grundlage für ihr Zusammenbleiben. Auch hier steigt die Zahl der Scheidungen, und auch wenn es in der Altersphase nicht mehr so häufig dazu kommt wie bei jüngeren Paaren, ist das Leid und die Einsamkeit bei alten Partnern oft groß. Denn wenn es die Kinder nicht mehr sind, die ihr Leben ausfüllen, nicht mehr der Aufbau der materiellen Existenz und nicht mehr berufliche Aufgaben, fehlt ihrem Zusammenleben Seele und Sinn – und nicht selten beginnen sie dann, dem Paar an der italienischen Adria-Küste zu gleichen, das ich anfangs erwähnt habe: mürrisch, enttäuscht und voller Ressentiments leben sie nebeneinander her.

Wie schaffen es alte Paare, so miteinander zu bleiben wie das Paar, das ich in der S-Bahn getroffen habe? Die Ehen früherer Generationen wurden – mindestens in bedeutendem Ausmaß – durch alles mögliche andere als die personale wechselseitige Liebe der Partner zusammengehalten. In den Märchen, Mythen und in der Literatur finden wird sehr häufig nur die Anfangssituation, die Phase der Verliebtheit zwischen jungen Menschen dargestellt. Für eine lebendige Liebe über die Jahre hin, für die Liebe in Dauerbeziehungen haben wir nur wenige Modelle und Leitbilder. Philemon und Baucis sind da eine Ausnahme. Wir erfahren zwar von ihnen auch nicht sehr viel, aber was wir erfahren, scheint mir so gewichtig zu sein, dass es sich lohnt, ihre Geschichte genauer zu betrachten.

Ovid schreibt: Sie haben sich »in den Jahren der Jugend liebend verbunden« und sind »miteinander alt geworden«. Sie sagen von sich, dass sie ihr Leben »in Eintracht zugebracht« haben, und von Zeus und Hermes wünschen sie sich deshalb, dass sie beide auch »zur selben Stunde« ihr Leben beenden dürfen. Schon während sie sich am Schluss in zwei Bäume verwandelten, »wechselten sie noch Worte miteinander, solange es möglich war«, und ihre letzten Worte sind – zugleich gesprochen: »Lebe wohl, mein Alles!« Eine zarte Innigkeit berührt uns aus diesen wenigen Worten, eine ergreifende, tiefe Liebe. Wie haben sie es nur geschafft, so miteinander alt zu werden?

An äußerem Wohlstand lag es sicher nicht. Philemon und Baucis werden als sehr arm geschildert. Ihr Haus ist eine strohbedeckte Hütte und unterscheidet sich durch seine Ärmlichkeit krass von den ungastlichen Häusern der Ortschaft, an deren Türen die beiden Götter vergebens angeklopft haben. Möglicherweise mystifiziert hier Ovid die Armut auch ein wenig – wie es die Dichter früherer Zeiten häufig taten. Wenn man wie wir heute durch die Medien fast jeden Tag das Elend der Armut hautnah mitbekommt, wird man das etwas skeptisch sehen. Allerdings enthält diese Schilderung trotzdem den nach wie vor gültigen Hinweis, dass der quantitativ hohe Wohlstand noch lange nicht hohe Lebensqualität und schon gar nicht Beziehungsqualität nach sich zieht. Es kommt auf anderes an, das ist die Botschaft, die aus der Erzählung spricht. Was ist das, worauf es ankommt? Aus der Erzählung werden verschiedene Faktoren deutlich, die ich im folgenden hervorheben möchte.

## Offenheit nach außen

Als erstes fällt auf: Philemon und Baucis schließen sich nicht nach außen ab. Sie lassen »die Welt« in Gestalt der beiden Fremden, die von weit her kommen, zu sich in ihre kleine Hütte. Sie bleiben nicht bloße Zuschauer in ihren engen vier Wänden, wie heutzutage viele alte Menschen, die nicht mehr vom Fernseher wegkommen. Sie nehmen leibhaftigen Kontakt auf. Damit weitet sich schon hier, noch lange bevor es zur Verwandlung ihrer Hütte in den Tempel kommt, ihr Horizont beträchtlich über ihr kleines, unscheinbares Leben hinaus.

Alte Paare haben oft die Tendenz, sich abzuschließen und nur noch Zuschauer des Geschehens um sie herum zu sein. Philemon und Baucis machen es anders. Vielleicht sind sie auch ein wenig neugierig. Sie wollen noch etwas erleben. Das ist sicher auch eine ihrer Motivationen, die beiden interessanten Fremden aufzunehmen. Diese Neugier ist ein Zeichen von Lebendigkeit. Sie bringt sie mit dem Geschehen außerhalb von ihnen in Kontakt. Der Verlauf der Geschichte zeigt, wie viel Intensität, Spannung und Reichtum damit in ihr Leben hineinkommt. Die beiden Fremden eröffnen ihnen eine neue Welt!

Sich öffnen, sich immer wieder einlassen auf andere Menschen, das könnte die gemeinsame Einsamkeit vieler alter Paare überwinden und damit auch ihrer Beziehung neuen Reichtum verleihen. Warum tun sie das oft nicht, auch wenn sie es von ihrem körperlichen und geistigen Zustand her durchaus noch könnten?

## Selbstbewusstsein und Achtung voreinander

»Für wen sind denn wir noch interessant!?« Das ist eine Aussage, die man von alten Paaren häufig hört oder wenigstens spürt. Daraus spricht eine gute Portion Selbstabwertung. Wenn man sich selber abwertet, beginnt man sich abzuschließen – und beginnt sich gegenseitig auf die Nerven zu gehen. Woher kommt diese speziell bei alten Menschen beobachtbare Abwertung ihrer selbst? Unter anderem ist sie sicher ein Reflex auf die gesellschaftliche Minderbewertung des Alters, die wohl ein Charakteristikum unserer heutigen Gesellschaft ist. Wenn in manchen Betrieben heute 35-Jährige schon zum alten Eisen zählen, das man am liebsten durch »Outsorcen« loswerden oder gar gleich in Rente schicken möchte, dann scheint mir das ein Symptom dafür zu sein. Die Auswirkungen, die diese Einstellung auf das Selbstwertgefühl älterer Menschen hat, sind nicht zu unterschätzen. An Philemon und Baucis kann man sehen, dass es auch ganz anders geht. Sie stellen sich die Frage nicht, ob sie interessant sind für ihre Gäste. In der selbstverständlichen Art, wie sie diese aufnehmen, bewirten und unterhalten, spricht ein natürliches, starkes und unhinterfragtes Selbstbewusstsein.

Zweifellos haben es die beiden zu ihrer Zeit leichter gehabt, ein solches Selbstbewusstsein zu entwickeln und zu behalten. Die alte Welt schätzte das Alter aufgrund seiner Erfahrung, die für die konkrete Lebensbewältigung von der nächsten Generation benötigt wurde. Heute, in der Zeit der elektronischen Medien, die in einem immer schnelleren Tempo weiterentwickelt werden, kommen die Alten nicht mehr mit. Der Enkel muss heute dem Opa zeigen, wie er mit dem PC zurechtkommt, wenn der sich überhaupt an diesen Apparat herantraut. Für diese Form der Lebensbewältigung sind ältere Menschen immer mehr »out«. Freilich wird dabei Lebensbewältigung in einem ganz einseitig-technischen Sinn verstanden. Umfassender, ganzheitlicher genommen – hätten wir da die Lebenserfahrung der alten Menschen nicht genauso nötig wie früher? Bräuchten wir nicht dringend Menschen, die schon etwas Abstand vom Tagesgeschehen haben und die über ein kostbares Gut verfügen, das uns heute mehr und mehr fehlt, nämlich über Zeit? Menschen, die Zeit haben, den anderen, die noch – wie Zeus und Hermes in der Geschichte – mit dem »Regieren der Welt« beschäftigt sind, zuzuhören, mit ihnen mitzufühlen, sie verständnisvoll aufzunehmen? Diese Qualität bräuchten viele Gestresste heute dringend, und alte Menschen sollten sich bewusst sein, dass sie das anzubieten hätten: Zeit, Raum, Gastfreundschaft, Menschlichkeit, Verstehen und Solidarität ...

Ein solches Selbstbewusstsein, das aus dem Bewusstsein des eigenen Wertes auch im Alter aufrechterhalten wird, hat dann auch Auswirkungen auf die Qualität der Beziehung zueinander: Wenn man sich stark und gut fühlt, wertet man auch den Partner, die Partnerin nicht ab. Wenn man sich selber achtet, begegnet man auch einander mit Achtung und Respekt. Den haben Philemon und Baucis offensichtlich voreinander bewahrt. Während der ganzen Geschichte fällt kein einziges abfälliges Wort übereinander, etwas, das häufig passiert, wenn man einander nicht schätzt. Dritten gegenüber lässt man sich über den Partner aus – immer zum Schaden der Liebe. Demgegenüber ist Hochachtung, die man sich über die Jahre hin in der Dauerbeziehung voreinander bewahrt hat, ein zentrales Element einer lebendigen Liebe.

## Ein gutes Team

Bei ihrem Umgang mit den beiden Fremden lässt sich etwas beobachten, was für die Liebe bis ins Alter hinein ebenfalls nicht zu unterschätzen ist: Philemon und Baucis erweisen sich als ein ausgezeichnet funktionierendes Team. Das scheint zu funktionieren, ohne dass sie es eigens absprechen müssen. Philemon stellt die Bank hin, Baucis legt die Decke drauf. Sie entfacht das Feuer, er holt Gemüse aus dem Garten und angelt den Speck vom Balken – und so geht es weiter, die ganze Erzählung hindurch. Eins greift ins andere, bis am Ende ein Mahl auf dem Tisch steht, bei dessen Schilderung einem noch heute das Wasser im Munde zusammenläuft.

Paare strapazieren oft ihre Liebe damit, dass sie nicht gut kooperieren. Mangelnde Absprachen, mangelnde Abstimmung aufeinander, kein Ineinandergreifen der jeweiligen Aktivitäten – und schon gibt es tausend Gelegenheiten, sich über den anderen zu ärgern – und das zehrt auf die Dauer natürlich an der Liebe. Gute Kooperation dagegen schafft gemeinsame Erfolgserlebnisse, und gemeinsame Erfolgserlebnisse schaffen das Gefühl: Miteinander bringen wir etwas zustande, oder sogar: Miteinander sind wir unschlagbar! Unter anderem dadurch wird man immer wieder füreinander attraktiv. Man hat Spaß mit dem andern, die gute Meinung, die man vom andern hat, wird genährt. Man fühlt sich vom anderen unterstützt, man kann sich auf den anderen verlassen. Nicht zuletzt das lässt zwischen den beiden Alten diese Atmosphäre des Wohlwollens entstehen, die so eindrücklich aus dieser Geschichte spricht.

## Ein gemeinsames Anliegen

Die selbstbewusste Öffnung unseres alten Paares nach außen und seine gute Zusammenarbeit enthalten noch zwei weitere Dimensionen, die mir für die Liebe von Philemon und Baucis charakteristisch zu sein scheinen. Die erste ist die gemeinsame Hinwendung auf ein Drittes. Die beiden Alten öffnen sich den Fremden nicht nur neugierig und interessiert, nein, sie werden darüber hinaus zum Ziel ihres gemeinsamen Engagements. Philemon und Baucis haben von dem Moment an, da sie die beiden aufnehmen, ein gemeinsames Ziel, eine gemeinsame Aufgabe, ein gemeinsames Anliegen. Man spürt in der Schilderung Ovids, wie lebendig die beiden das macht. Sie werden gesprächig, sie werden aktiv, holen das gute Geschirr und das beste Tischzeug heraus, ernten im Garten, was er hergibt, und zaubern miteinander ein wunderbares Mahl auf den Tisch.

Es wird uns nichts darüber erzählt, ob die beiden Kinder haben. Aber häufig ist das ein Problem alter Paare: Solange sie Kinder zu versorgen und zu begleiten hatten, hatten sie eine gemeinsame Aufgabe. Diese gemeinsame Aufgabe war wichtig auch für die gegenseitige Liebe. Sie bewirkte Zusammenhalt, und oft nicht nur das. Wenn beide ihre Freude am gemeinsamen Eltern-Sein hatten, wenn einer den anderen schätzen konnte in der Art und Weise, wie er oder sie Vater oder Mutter war, war das für beide auch ein wichtiger Grund, sich als Mann und Frau hochzuschätzen. Das scheint ein Grundgesetz der Partnerliebe zu sein: Nach der Phase der ersten Verliebtheit, in der jeder nur den anderen sieht und von ihm fasziniert ist, braucht es die Wendung in die gemeinsame Blickrichtung. Man braucht gemeinsame Perspektiven, damit die Liebe auf die Dauer lebendig bleibt. Aber nun – beim alten Paar – sind die Kinder schon lange fort. Ihr Leben hat fast nichts mehr mit dem Leben des Paares zu tun. Noch immer ausschließlich auf die Kinder ausgerichtet zu leben, bekommt jetzt etwas Unwirkliches, Illusionäres, führt weg aus dem Hier und Jetzt, aus ihrem Hier und Jetzt als altes Paar. Aber etwas anderes »Drittes« ist jetzt oft nicht da, und so taucht die Gefahr auf, in Passivität und täglicher Routine zu versinken. Darum brauchen alte Pare jetzt oft neue Ziele, neue gemeinsame Anliegen, die ihre Liebe von Neuem inspirieren.

Die Gefahr dabei ist für viele alte Paare, dass sie, wenn es überhaupt ein »Drittes« in ihrem Leben gibt, dieses gemeinsame Dritte »zu niedrig ansetzen«, zum Beispiel in bloßem gemeinsamen Konsum, in gemeinsamem Essen, Fernsehen, ausschließlicher und vielleicht allzu ängstlicher Gesundheitsvorsorge und so weiter. Was das Leben erfüllt, was die Liebe lebendig macht und erhält, muss aber etwas sein, das in sich einen Wert besitzt. Es muss etwas sein, das inspiriert und fasziniert. Dann erfüllt es uns mit Sinn, dann regt es uns an – dann macht es uns auch wieder wechselseitig attraktiv. Alte Menschen, die von gemeinsamen Anliegen und Aufgaben erfüllt und fasziniert sind, stehen weniger in der Gefahr, sich gegenseitig auf die Nerven zu gehen oder hypochondrisch ihre Wehwehchen zu pflegen.

Viele Analytiker der heutigen Gesellschaft sind der Meinung, dass wir aufgrund heutiger wirtschaftlicher und gesellschaftlicher Entwicklungen ohne eine Neubelebung des Ehrenamtes in Zukunft nicht mehr auskommen werden. Wenn man, wie dies heute unausweichlich scheint, mehr und mehr der Eigeninitiative überlässt, bedeutet das unter anderem auch, dass die öffentliche Hand sich immer stärker aus der Sorge um die Gemeinschaftsaufgaben zurückzieht, schon allein deshalb, weil dafür – unter anderem aufgrund der zurückgehenden Steuern – das Geld nicht mehr reicht. Andererseits wird die Zahl der Menschen, die aus dem aktiven Erwerbsleben ausscheiden, immer größer, während ihre Gesundheit durch die Fortschritte der Medizin und infolge gesünderer Lebensweise viel länger stabil bleibt. Philemon und Baucis könnten darum für viele älter werdende Paare in diesem Punkt ein Modell sein: Zwei, die sich gemeinsam um Dritte kümmern. Zwei, die Hungrige sättigen und Erschöpfte aufpäppeln, zwei, die sich der Abgewiesenen annehmen und sie mit Fürsorge umgeben, zwei, die gesprächsbereit sind, damit die Frustrierten ihren Kummer loswerden können. Vielleicht auch zwei, die sich als Ratgeber für die zur Verfügung stellen, die noch mit der vollen Verantwortung für die Welt belastet sind, wie in der Geschichte die beiden Götter, die sich hier erschöpft bei den beiden Alten niederlassen.

Damit meine ich natürlich nicht, dass sich alte Paare für andere aufreiben oder gar von anderen ausbeuten lassen sollten. Außerdem sind durchaus Modelle denkbar, dass solches Engagement auch eine wenigstens indirekte materielle Anerkennung erfahren könnte. Aber meist liegen hier gar nicht die Barrieren. Es fehlt älteren Paaren oft an Ideen, an Mut und an innerem Elan, sich neu auf den Weg zu machen. Aber wenn sie es schaffen, erleben sie häufig eine Art Neubelebung, und oft fühlen sie sich belohnt, auch wenn sie äußerlich wenig oder nichts dafür bekommen. Denn die wichtigste Belohnung liegt im Tun selbst: nämlich in der darin gemachten Erfahrung, dass das gemeinsame Tun unserem gemeinsamen Sein wieder Sinn und Lebendigkeit verleiht.

In der Geschichte ist dies sehr sinnenfällig ausgedrückt: Philemon und Baucis schenken großzügig ihren Wein an ihre Gäste aus. Plötzlich merken sie, dass der Krug nicht leer wird. Der Wein, den sie geben, wird nicht weniger, sondern mehr. Diese »wunderbare Wein-Vermehrung« symbolisiert eindrücklich die Erfahrung: Wenn ich großzügig gebe, bekomme ich großzügig zurück. Das gilt nicht nur vom sozialen Engagement. Alles, was in sich wertvoll ist, beschenkt mich, wenn ich mich dafür gebe. Das kann auch ein gemeinsames künstlerisches, religiöses oder politisches Engagement und ähnliches mehr sein. Der Wein wird mehr, wenn ich ihn großzügig ausschenke. Die Frage ist freilich: Bringen die alten Paare die Energie dafür auf? Schaffen sie es, aus den eingefahrenen Bahnen auszusteigen? Philemon und Baucis sind dafür ein eindrückliches Beispiel.

## Die göttliche Dimension

Noch in einem tieferen Sinn spielt das gemeinsame Dritte in der Beziehung von Philemon und Baucis eine bedeutsame Rolle: Im Leben dieser beiden wird darin eine transzendente Dimension präsent. Außer dass die

Geschichte mit der Vermehrung des Weines an die biblische Geschichte von der Hochzeit zu Kana im Johannes-Evangelium (Joh 2,1-12) erinnert, gibt es für mich noch einen weiteren überraschenden Anklang an einen neutestamentlichen Text: Im Lukas-Evangelium (Lk 24,13-35) bewirten die Jünger von Emmaus einen »Fremden«, und während des Mahles erkennen sie in ihm den Auferstandenen. So bewirten Philemon und Baucis zwei Fremde – und durch das Wein-Wunder geben sich die beiden als Götter zu erkennen.

Vielleicht kommt hier wie in der biblischen Erzählung von den Emmaus-Jüngern eine typische religiöse Erfahrung, die nicht an konfessionelle Schranken gebunden ist, zum Ausdruck. Das alte Paar lässt sich ganz und gar auf das ein, was sie aus dem Hier und Jetzt anspricht. Dem öffnen sie sich in Liebe. Ohne sich darum zu kümmern, wie die anderen Bewohner des Dorfes damit umgehen oder umgegangen sind, ohne zu rechnen und abzuwägen, tun sie, was jetzt »dran ist«: Sie geben, und in der Art, wie sie es tun, wird deutlich: Sie geben nicht nur *etwas*, sie geben darin sich selbst. Dabei und darin werden die beiden Fremden als »Götter« erfahrbar: Im Augenblick ganz »da« zu sein, wem das gelingt, dem erschließt sich nach der Erfahrung aller spirituellen Schulen die göttliche Dimension unserer Wirklichkeit: »Der Augenblick ist mein, und nehm ich den in Acht, so ist der mein, der Zeit und Ewigkeit gemacht«, dichtete Andreas Gryphius. Dies ist wohl die gemeinsame Erfahrung, die von den Emmaus-Jüngern wie von Philemon und Baucis geschildert wird. Darin wird deutlich, dass Religion etwas anderes ist als ein »Überbau«, in den man sich mit Askese und Verleugnung des Verstandes erst »hineinarbeiten« muss. Das Religiöse begegnet im Leben selbst, wenn man bereit ist, sich ihm ganz zu öffnen, und daraus erwächst dem alten

Paar der Halt, den sie brauchen, um sich dem nahenden Tod öffnen zu können.

Philemon und Baucis sind von dieser Erfahrung so tief ergriffen, dass sie die Götter bitten, sie zu Priestern ihres Tempels, in den ihre Hütte verwandelt wird, zu machen. Sie können sich von diesem Moment an ein Leben ohne den bewusst mit einbezogenen Horizont des Göttlichen nicht mehr vorstellen. Sie wollen beide Priester werden, die an dem heiligen Ort, zu dem ihre Hütte geworden ist, anderen Menschen dienen, damit sie ebenfalls mit dieser umfassenden Dimension des Lebens in Kontakt kommen.

Es ist also nicht bloß eine spirituelle Innerlichkeit, in die sie sich von nun an zurückziehen wollen. Sie sehen darin eine neue Aufgabe in ihrem Leben für die Menschen. Was sie erfahren haben, machen sie zu ihrem Anliegen für andere: Sie werden Priester im Tempel der Götter. Heutige Menschen werden immer weniger von den vorgegebenen Formen kirchlicher Rituale und kirchlichen Gemeindelebens angesprochen, es sei denn, sie spüren darin lebendige spirituelle Erfahrung. Es braucht – in und außerhalb der verfassten Kirchen – vor allem Menschen, die lebendige spirituelle Erfahrung vermitteln und zu solcher Erfahrung führen können. Auch das könnte eine Aufgabe alter Paare sein, die selber auf der Suche nach dem Sinn und in der Auseinandersetzung mit ihrer Endlichkeit die Dimension des Göttlichen erahnt haben: dass sie diese Erfahrungen weitergeben und so »Hüter des Tempels« werden, wie es von Philemon und Baucis berichtet wird.

Vielleicht liegt für uns heute auch darin noch ein wichtiger Hinweis in der Geschichte: Es ist ein Paar, das hier priesterliche Funktion übernimmt, die Aufgabe spiritueller Führung und Begleitung. Das Religiöse erscheint nicht mehr im ausgegrenzten »übernatürlichen« Raum des Sakralen, für den ein ebenfalls ausgegrenzter, womöglich zölibatärer Priester zuständig ist. Nein, hier wird die spirituelle Aufgabe von einem »ganz gewöhnlichen« Ehepaar übernommen, das in Liebe miteinander verbunden ist. Damit scheint die Spaltung »natürlich – übernatürlich«, »göttlich – menschlich«, »sakral – profan« aufgehoben zu sein. Die erotische Liebe des Paares hat sich zur Nächsten-Liebe und zur spirituellen Liebe geweitet und damit ihre letzte und tiefste Reife erreicht. Diese Erfahrung geben die beiden nun weiter – ähnlich den Bodhisattwas, den Erleuchteten des Buddhismus, die ihre Erleuchtung nicht für sich behalten, sondern damit »auf den Marktplatz« gehen, um anderen Menschen zu dienen und sie auf ihrem Weg zu begleiten.

## Sich die eigene Geschichte erzählen

Noch ein Letztes scheint mir erwähnenswert. Die Erzählung berichtet, wie Philemon und Baucis kurz vor ihrem gemeinsamen Tod »gebeugt von der Last ihrer Jahre« vor den heiligen Stufen stehen und »von dem wechselvollen Schicksal des Ortes« miteinander sprechen. Es ist ein berührendes Bild, wie sie da – im Angesicht des Todes – an der gemeinsamen Stätte ihres Wirkens stehen und Rückschau halten auf das, was sich hier ereignet und was sie miteinander erlebt haben. Sie betrachten mit Wohlgefallen ihr gemeinsames Werk und spüren dabei das zutiefst Sinnvolle ihrer langjährigen Beziehung. Das erfüllt sie so, dass sie als letztes Wort ihres gemeinsamen Lebens zueinander sagen können: »Leb wohl, mein Alles!« Kurz vor ihrem Tod sprechen zwei Alte hier zueinander wie zwei frisch Verliebte, aber es ist nicht die erste flüchtige Leidenschaft der Verliebtheit, die sich hier äußert, sondern die Erfahrung langer Jahre und Jahrzehnte gemeinsamen Lebens und der große darin erfahrene Reichtum.

Je älter Paare werden, desto mehr und desto eingehender sollten sie Rückschau halten auf ihre gemeinsame Geschichte. Es gibt dafür einen einfachen Grund: In den »wechselvollen Schicksalen«, von denen die Geschichte spricht, ist der ganze Reichtum gelebten Lebens enthalten. Es gibt darin so vieles, was wir zustande gebracht, geschaffen, was wir erlebt haben und was uns geschenkt wurde. Wenn wir darüber sprechen, tauchen diese Dinge wieder aus der Vergangenheit auf, werden in der Gegenwart wieder lebendig und werden als Schatz erfahrbar, den wir im Laufe der Zeit angesammelt haben. Einander davon zu erzählen bedeutet, die Truhe zu öffnen und uns gegenseitig mit den Kostbarkeiten, die sich darin finden, zu schmücken. So wird Vergangenheit wieder Gegenwart und macht uns bewusst, was wir aneinander haben.[22]

Warum vermeiden dann aber so viele alte Paare, darüber miteinander zu sprechen und sich nochmals daran zu freuen? Weil eben in den »wechselvollen Schicksalen« auch noch anderes enthalten ist. Da war nicht alles gut, da gibt es auch dunkle Zeiten und wahrscheinlich auch schlimme Ereignisse. Darum vermeiden viele alte Paare die Rückschau. Nur erreichen sie damit nicht, was sie beabsichtigen. Denn was wir vermeiden, ist nicht verschwunden. Unbemerkt und »unter der Decke« wirkt es weiter und vergiftet, wenn man dazu kein versöhntes Verhältnis gefunden hat, die Liebe, wie das so häufig bei alten Paaren der Fall ist, die sich nichts mehr zu sagen haben und mürrisch nebeneinander her leben.

Wir haben nicht die Kraft, Vergangenes ungeschehen zu machen. Aber wir haben die Fähigkeit, es zu verwandeln und daraus eine Quelle der Liebe zu machen, auch wenn diese Vergangenheit schlimm war. Freilich ist das nur dann der Fall, wenn wir uns ihr stellen und uns mit ihr auseinandersetzen. Dazu müssen wir uns unsere Ehegeschichte, so wie jeder sie sieht, so wie sie in jedem ihre Spuren hinterlassen hat, gegenseitig erzählen, und wir müssen einander dabei aufmerksam zuhören, nachfragen, Stellung dazu beziehen.

Es kann sein, dass das allein miteinander nicht so gut gelingt, dass wir uns dabei verheddern, dass nur wieder die alten Enttäuschungen und Kränkungen aufleben. Genau darum wird das wechselseitige Erzählen der Vergangenheit von vielen ja vermieden. Hier scheint es mir im höchsten Maße sinnvoll zu sein, dass auch alte Paare therapeutische Hilfe in Anspruch nehmen. Es braucht oft die Hilfe eines Begleiters, damit ein neuer Blick auf und »hinter« das Vergangene möglich wird. Wenn das gelingt, beginnen wir, die Dinge in neuem Licht zu sehen, beginnen zu verstehen und zu verzeihen. Dann wird auch die belastete gemeinsame Vergangenheit zu dem kostbaren Schatz, der unsere Liebe nährt – genauso wie es unsere Geschichte schildert: Der gemeinsame Rückblick auf ihre wechselvolle Geschichte ermöglicht den beiden, wie in neu belebter Verliebtheit einander zu sagen: »Du mein Alles!«

Philemon und Baucis, vor den Stufen des Tempels stehend, zurückschauend auf ihr wechselvolles Schicksal und auf all das, was sie miteinander geschafft und gewirkt haben, und sich voneinander mit dieser letzten Liebeserklärung verabschiedend: Es ist ein ergreifendes, ein friedvolles und hoffnungsvolles Bild, ein Bild, zutiefst erfüllt von Sinn. Alte Liebe kann zu ihrer letzten Reife und Tiefe gelangen!

# Anmerkungen

1 Vgl. dazu: Madame Leprince de Beaumont: Die Schöne und das Tier. Ein Märchen. Nachwort von Maria Dessauer, Insel Verlag, Frankfurt a.M. 1977, S. 47-57.

2 Die Nacherzählung orientiert sich an der Übersetzung von A. Schaeffer in E. Neumann: Amor und Psyche, Deutung eines Märchens. Ein Beitrag zur seelischen Entwicklung des Weiblichen, Walter Verlag, Olten 1971.

3 Vgl. Erich Neumann, Amor und Psyche. Deutung eines Märchens, Walter Verlag, Olten 1971.

4 Vgl. dazu meine Ausführungen zu den verschiedenen Spielarten der Vatertochter in: Hans Jellouschek: Warum hast du mir das angetan? Untreue als Chance, Piper Verlag, München 1995, S.104-109.

5 Zitiert aus: Robert Schumann: Lieder für eine Singstimme mit Klavierbegleitung, Bd.1, hrsg. von Max Friedlaender, C.F. Peters Verlag, Frankfurt – New York – London o.J., S.156-159.

6 Norbert Bischof: Das Rätsel Ödipus. Die biologischen Wurzeln des Konflikts von Intimität und Autonomie, Serie Piper 989, 3. Aufl. München 1985, S. 281.

7 Wörtliche Übersetzung des Tübinger Alttestamentlers Dr. Winfried Bader, private Mitteilung.

8 Zur Problematik des »Muttersohnes« vgl. Hans Jellouschek: Warum hast du mir das angetan? Untreue als Chance, Piper Verlag, München 1995.

9 H. Jellouschek, Die Froschprinzessin. Wie ein Mann zur Liebe findet. Reihe: Weisheit im Märchen, Kreuz Verlag, Zürich 1989.

10 Dazu H. Jellouschek: Hättest du doch geredet! Das Schweigen der Väter. In: H. Kößler und A. Bettinger (Hrsg.): Vatergefühle. Männer zwischen Rührung, Rückzug und Glück, Kreuz Verlag, Stuttgart 2000, S. 79-96.

11 Vgl. dazu Robert von Ranke-Graves, Griechische Mythologie. Quellen und Deutung, Rowohlts Enzyklopädie 404, 1984, S. 98-101.

12 R.M.Rilke, Sämtliche Werke, hrsg. vom Rilke-Archiv. In Verbindung mit Ruth Sieber-Rilke. Besorgt durch Ernst Zinn. Bd.1, Insel-Verlag, Frankfurt a.M. 1955, S. 542-545.

13 Dieter Mehl, Essay zu W. Shakespeare, Othello. Zweisprachige Ausgabe. Deutsch von F. Günther, dtv, München 1995, S.297.

14 Vgl. dazu William Shakespeare: Othello. Zweisprachige Ausgabe. Deutsch von Frank Günther. Deutscher Taschenbuch Verlag, München, 2.Aufl. 1999.

15 H. v.Hofmannsthal, Der Rosenkavalier. Komödie für Musik in 3 Aufzügen, hier zitiert nach Verena Kast: Paare. Beziehungsfantasien oder Wie Götter sich in Menschen spiegeln. Kreuz Verlag, Stuttgart 1984, S.77 f.

16 W.Shakespeare, Othello, 3. Akt, 3.Szene.

17 W. Shakespeare, Othello, 3. Akt, 4. Szene.

18 Vgl. dazu ausführlich: Hans Jellouschek: Vom Fischer und seiner Frau. Wie man besser mit den Wünschen seiner Frau umgeht, Reihe Weisheit im Märchen, Kreuz Verlag, Zürich 1996.

19 Joseph Haydn, Die Schöpfung, Oratorium für Soli, Chor und Orchester, Text von Gottfried van Swieten, Duett Adam und Eva, zitiert nach dem Klavierauszug von P.Klengel, Verlag Breitkopf und Härtel, Edition Breitkopf 118, Wiesbaden-Leipzig-Paris o.J., Seite 184.

20 Vgl. dazu Verena Kast, Paare. Beziehungsfantasien oder Wie Götter sich in Menschen spiegeln, Kreuz Verlag, Stuttgart 1984, S.103 ff.

21 Nach Ovid: Metamorphosen. Das Buch der Mythen und Verwandlungen. Nach der ersten deutschen Prosaübersetzung durch August Rode neu übersetzt von Gerhard Fink, Artemis Verlag, Zürich / München 1989, S.202-205.

22 Vgl. dazu Rosemarie Welter-Enderlin, Wie aus Familiengeschichten Zukunft entsteht. Neue Wege systemischer Therapie und Beratung, Verlag Herder, Freiburg, Basel, Wien, 1999.

## Liebe & Partnerschaft

Roswitha Defersdorf
**Frischer Wind für die Partnerschaft**
Besser miteinander reden
Band 6039
Die Art, wie Paare miteinander reden, schleift sich über die Jahre oftmals erschreckend ein. Die Autorin lässt anhand vieler Beispiele entdecken, was mit Sprache möglich ist, und was die Sprache mit einem selbst macht.

Joachim Engl / Franz Thurmaier
**Wie redest du mit mir?**
Fehler und Möglichkeiten in der Paarkommunikation
Band 6075
Die bekannten Psychotherapeuten zeigen, wie man richtig zuhört, eigene Gefühle und Wünsche formuliert und Probleme konstruktiv löst.

Silvia Fauck
**Die 7 Fallen der Liebe**
Wie Sie vorbeugen. Geschichten und Tipps von der Liebeskummerexpertin
Band 6185
Durch Geschichten, die sie in ihrer Praxis erlebt hat, macht sie deutlich, wo höchste Aufmerksamkeit der Liebenden geboten ist.

Allan Guggenbühl
**Hast du mal Zeit für einen Streit?**
Wie Männer und Frauen fair miteinander streiten
Band 5849
Allan Guggenbühl zeigt: Konflikte, Meinungsverschiedenheiten, unterschiedliche Bedürfnisse und Gewohnheiten können eine Herausforderung zu mehr Gemeinsamkeit sein.

Wolfgang Hantel-Quitmann
**Der Geheimplan der Liebe**
Zur Psychologie der Partnerwahl
Band 6018
Der renommierte Paartherapeut hat untersucht, wie Partnersuche funktioniert. Er beschreibt die offenen und verborgenen Motive der Partnerwahl.

Hans Jellouschek
**Liebe auf Dauer**
Was Partnerschaft lebendig hält
Band 6012
Der bekannte Paartherapeut zeigt wie Partner ihre Beziehung so gestalten können, dass beide aus freien Stücken dauerhaft beieinander bleiben. Beständigkeit der Zuneigung und Liebe kann gelingen auch in Zeiten, in denen Scheidungen fast etwas Normales sind.

Hans Jellouschek
**Trotzdem: Leben! – Wenn ein Partner Krebs hat**
Band 6136
Die Kunst, als Paar zu leben, wird auf eine harte Bewährungsprobe gestellt, wenn einer der Partner in eine tödliche Gefahr gerät. Aller Schrecken und alle Ängste scheinen sich zu verdoppeln. Doch Angst und Schrecken sind nicht das Letzte. Das Zeugnis einer Liebe, die über den Tod hinausführt.

Hans Jellouschek
**Wie Partnerschaft gelingt – Spielregeln der Liebe**
Beziehungskrisen sind Entwicklungschancen
Band 5913
Hier zeigt einer der bekanntesten Paartherapeuten, was jeder tun kann, um eine dauerhafte und glückliche Partnerschaft zu erleben.

Mathias Jung
**Ich liebe dich. Nur nicht grad jetzt**
Große Liebe, kleine Krisen
Band 6078
Die Liebe ist eine Baustelle: Es braucht immer wieder kleine Instandsetzungsarbeiten – Zeichen der Zuwendung, Rituale, aber auch Streitkultur. Anregungen und Tipps für das Leben zu zweit.

Rosmarie Welter-Enderlin
**Paare – Leidenschaft und lange Weile**
Die Kunst des Lebens zu zweit
Band 5983
Es gibt viele Wege, als Paar glücklich zu sein. Hier zeigt eine erfahrene Paartherapeutin, wie Paare in Krisen ihre Ressourcen und Entwicklungsmöglichkeiten gefunden haben, um ihr Leben in Glück und Zufriedenheit zusammen zu gestalten.

# Familienleben

Mony Elkaïm
**Immer Ärger mit den Lieben oder wie man seine Familie überlebt**
Band 5948
Einfühlsam erzählte Alltagsgeschichten zeigen, wie wir Ängste und Befürchtungen ablegen und wieder glücklicher zusammen leben können.

Angelika Glöckner
**Lieber Vater, liebe Mutter...**
Sich von den Schatten der Kindheit befreien
Band 6005
Viele Erwachsene sind mit ihrem Kindheitsschicksal nicht im Reinen. Das Buch stellt die Methode des rituellen Satzvollzugs vor, mit der jeder durch therapeutische Selbstbehandlung diese Probleme lösen kann.

Johanna Graf
**Familienteam – das Miteinander stärken**
Das Geheimnis glücklichen Zusammenlebens
Band 5565
Die Kunst, eine glückliche Familie zu sein, lässt sich lernen. Nach diesem Grundkurs dürfen sich alle Eltern gut auf diese Herausforderung vorbereitet fühlen.

Anselm Grün / Leo Fijen
**Das Jahr, in dem mein Vater starb**
Ein Briefwechsel über das Lieben und das Loslassen, das Trauern und das Erinnern
224 Seiten, Gebunden mit Schutzumschlag
ISBN 978-3-451-29936-0
Leo Fijen und Anselm Grün erzählen in ihrem zutiefst berührenden Briefwechsel von ihren ganz persönlichen Erfahrungen mit dieser Zeit.

Thomas Grüner
**Die kleine Elternschule**
Was Kinder stark und glücklich macht
Band 6190
Orientierung, Bindung, Einflussmöglichkeiten, Spaß und Anerkennung: Wie Eltern das geben und in Balance bringen können.

Christiane Kohler-Weiß
**Das perfekte Kind**
Eine Streitschrift gegen den Anforderungswahn
Band 3025
Eltern wollen es richtig machen, aber was ist eigentlich richtig? Ständig müssen Eltern entscheiden, sorgen, coachen. Doch vor allem sind es Vertrauen und Liebe, die Kinder brauchen.

Trish Magee
**Das Geheimnis glücklicher Eltern**
Band 6066
Das Wichtigste ist: im Alltag auch das Positive sehen, für die Kinder da sein, sie unterstützen und ihnen etwas zutrauen, denn Kinder übernehmen gern selbst Verantwortung. 52 praktische Tipps mit großer Wirkung.

Theo Schoenaker / Julitta Schoenaker / John M. Platt
**Die Kunst, als Familie zu leben**
Ein Erziehungsratgeber nach Rudolf Dreikurs
Band 5860
Der Psychologe und Erzieher Rudolf Dreikurs hat ein einfaches Modell entwickelt, das sich millionenfach bewährt hat. Sein Geheimnis: Kinder sind von klein an ernst zu nehmende soziale Wesen; man muss diese Anlagen nur entdecken.

Marie-Luise Schrimpf-Rager
**Erwachsen werden**
Ein Begleiter durch die Pubertät
Band 5895
Pubertät ist, wenn's schwierig wird mit Eltern und Kindern. »Erwachsen werden« heißt ein vom Lions Club entwickeltes, wissenschaftlich geprüftes Programm, nach dem an Schulen erfolgreich mit Jugendlichen gearbeitet wird – hier erstmals als Elternbuch.

Bertold Ulsamer / Gabriele Ulsamer
**Spielregeln des Familienlebens**
Ordnungen der Liebe zwischen Eltern und Kindern
Band 6044
Wie lassen sich Familien mit Kindern harmonischer organisieren? Alle Erkenntnisse Bert Hellingers, die bislang nur nachträglich therapeutisch genutzt wurden, werden konsequent vorbeugend angewendet.